아이 해브 어 드림

# 아이 해브 어 드림

나태주
김성구
홍빛나 글

홍빛나 그림

I
HAVE A DREAM

샘터

들어가며

# "우리의 계속되는 꿈"

 시 쓰는 사람 | 나태주

흔히 말하는 꿈은 우리가 저녁에 잠을 자면서 꾸는 꿈을 말합니다. 내용이 분명하지 않고 몽롱하며 환상적이고 허무맹랑한 게 꿈이지요. 그러나 여기서 말하고자 하는 꿈은 그런 꿈이 아니라 장래의 희망이라든지 소망이라든지 자기가 바라는 자신의 그 어떤 모습이라든지 이를테면 성공이라든지 그런 것들을 한데 묶어서 말하는 꿈입니다.

누구나 사람은 어려서부터 자신에게 바라는 꿈이 있습니다. 내가 자라 어른이 되면 이런 사람이 되어야지, 이런 일을 하는 사람이 될 거야 같은 다짐이나 결심이 바로 꿈입니다. 초등학교 때도 그런 꿈을 가질 수 있고 중등학교 시절에도 그런 꿈을 가질 수 있습니다. 그러나 꿈이 보다 굳어지는 시기는 고등학교 다닐 무렵이 아닐까 싶습니다.

나만 해도 맨 처음 시인이 되겠다고 마음먹은 것이 고등학교 1학년 때였으니까요. 그 꿈을 가슴에 안고 나는 오늘까지 살고 있습니다. 오로지 내 삶의 목표는 시인다운 시인이 되는 것이었습니다. 하루도 변하지 않은 그 꿈, 그러니까 시인이 되겠다는 나의 삶의 목표는 내가 세상을 떠나는 날까지 지속될 것입니다.

실상 내가 오늘날 한 사람 시인으로 사람들에게 기억되고 있는 것도 고등학교 시절에 가졌던 꿈을 버리지 않고 지금까지 지속해 온 까닭이고 다른 삶을 살더라도 다시금 시인의 자리로 재빨리 돌아온 까닭입니다. 주변을 둘러보면, 사람들은 청소년 시기에 가졌던 자신의 꿈을 노년까지 지속하며 살지 않는 것 같습니다. 중간에 바꾸거나 버리는 경우가 많지요.

이유가 없는 게 아니지요. 하루하루 세상 살아가는 일이 힘들고 벅차다 보니 그런 것이지요. 의식주, 그러니까 먹고 사는 일과 입고 사는 일과 집을 얻어 사는 일에 매달립니다. 더하여 좋은 자동차 사서 타고 다니는 일에 집중합니다. 그러다 보니 청소년기에 가졌던 자기의 소망을 버리거나 바꾸게 됩니다. 하지만 그래서는 안 된다는 것이 내 생각입니다.

무슨 일이든 처음부터 잘하는 사람은 없습니다. 잘하는 것보다는 좋아하는 마음이 중요합니다. 좋아하는 마음으로 오늘 해 보고 내일 또 하고 그러다 보면 언젠가는 정말로 잘하는 사람이 되기도 할 거라고 나는 생각합니다. 그러기에 조금쯤 부족하고 실패하는 일이 있더라도 거기에 주저앉아서 포기해서는 안 되는 일이라고 나는 말합니다.

성공이란 것도 그렇습니다. 절대로 다른 사람들이 부러워하는 사람이 되는 게 성공이 아니란 것을 알아야 합니다. 자기 자신이 보았을 때 그럴듯한 사람이 되는 것이 성공이고, 자기 자신에게 부끄럽지 않은 사람이 되는 것이 성공이고, 나아가 청소년기에 가졌던 자기 자신의 모습을 노년에 이르러 만나게 되는 것이 정말로 성공입니다.

꿈이라는 게 구체적일 수도 있지만 다분히 추상적일 수도 있습니다. 오히려 추상적인 요소를 더 많이 지닌 것이 꿈인지 모릅니다. 아스라이 떠오르는 어떤 분위기. 목적지 없이 멀리 떠나는 그리운 마음. 밤하늘의 별을 바라보며 생각에 잠기는 마음. 까닭 없이 낯선 것에 설레는 마음. 이러한 마음이 우리로 하여금 무엇인가를 탐구하게 하고, 사업에 열중하게 하고, 여행을 계획하게 하고, 세상을 가슴에 품고 사랑하게 합니다. 꿈이야말로 우리 인간이 애당초 인간이게 하는 기본적인 조건이고 그 까닭이 아닌가 싶습니다.

책 만드는 사람 | 김성구

친구들은 대부분 나를 출판사 대표로만 알고 있지만, 사실 나의 직함은 하나 더 있습니다. CJ나눔재단 이사가 그것이지요. CJ나눔재단은 CJ그룹이 2005년에 설립한 사회 복지 법인으로, 아동과 청소년의 건강한 성장을 지원하는 문화·교육 중심의 사회 공헌 활동을 펼치고 있습니다.

  내가 이곳 이사를 맡게 된 것은 우연만은 아닙니다. 어린 시절, 나 역시 누군가의 따뜻한 손길 하나에 위로받고, 격려 한마디에 마음을 다잡았던 기억이 있습니다. 그 기억이 내 안에 오래 남아 있었던 걸까요. 출판 일을 하며 '말'과 '이야기'가 누군가에게 얼마나 깊은 울림이 될 수 있는지 절감했습니다. 그 울림의 더 많은 부분을 아이들의 성장과 연결하고 싶다는 마음이 들었습니다. 그래서 CJ나눔재단 이사라는 자리는 나에게 일의 연장이기보다는 삶의 확장처럼 느껴집니다.

  재단을 통해 지역 아동 센터 아이들과 처음 인연을 맺은 날로부터 어느덧 스무 해가 되었습니다. CJ나눔재단 이사가 되고 처음 찾은 곳은 서울 종로구 낙산 뒤편 산자락에 조용히 자리한 작은 공부방입니다. 딱히 아이들에게 무언가를 가르치기 위함은 아니었습니다. 집 대신 공부방을 삶의 일부로 삼은 아이들이 어떤 하루를 보내고 있는지, 무엇을 생각하며 살아가는지 그들의 일상이 궁금했습니다.

  아이들과 함께 책을 읽고 김밥을 나눠 먹었습니다.

소박하지만 마음 따뜻해지는 시간이었습니다. 이후 지방의 여러 공부방을 두루 찾아다녔습니다. 그 과정에서 나는 삶의 또 다른 면모를 보았습니다. 그러나 동시에 마음 한구석에는 쓸쓸함도 남았습니다. 그건 아마도 아이들이 처한 현실 때문이었을 것입니다. 밝게 웃고 장난치는 아이들의 모습 뒤에는 여전히 가난과 사회와의 단절, 무관심 속에서 하루하루를 견뎌야 하는 무거움이 숨어 있었으니까요. 내가 잠시 머물다 가는 그 공간은 누군가에게는 하루의 전부였고, 유일한 안식처였습니다. 그 사실을 마주할 때마다 미안함과 안타까움이 가슴속에서 일렁거렸습니다.

나는 아이들을 만나면 꼭 물어보는 말이 있습니다. "너의 꿈은 무엇이니?" 그러면 아이들은 "의사가 되고 싶어요", "저는 변호사가 되고 싶어요", "연예인이 꿈이에요"라고 답합니다. 한편 많은 아이가 머뭇거리면서 "잘 모르겠어요"라고 말합니다.

꿈이란 미래의 등불이고, 희망의 다른 이름입니다. 그 등불이 꺼져 있거나 아직 불을 붙이지 못한 채 어디로 갈지 몰라 서성이고 있는 아이들의 모습을 보면 마음이 아립니다. 더 안타까운 것은 아이들이 꿈을 단지 '직업'이라 착각하고 있다는 사실입니다. 그것은 분명 어른들의 그릇된 사고에 영향을 받은 탓이겠지요.

의사가 되는 것은 꿈이 아닙니다. 의사가 되어 사랑하는 할머니, 엄마, 친구가 아프지 않은 세상을 만들겠다는 것이 진짜 꿈입니다. 변호사, 소방관, 경찰……. 어떤 직업도 그 자체로 완결된 꿈이 될 수는 없습니다. 그 직업을 통해 이루고자 하는 목표가 있어야 비로소 그것은 꿈이 됩니다. 그렇다고 꿈이 크고 거창할 필요는 없습니다. "나는 매일 한 번쯤은 웃으며 살겠다", "나는 즐겁게 살아가겠다" 등 이런 다짐들 역시 아름답고 훌륭한 꿈입니다. 결국 중요한 것은 무엇이 '되느냐'보다 무엇을 '하느냐'입니다.

꿈을 단지 머릿속에서만 그려서는 안 됩니다. 피와 땀, 시간과 인내를 통해 꿈을 이루어야 합니다. 얼마나 절실히 그 꿈을 바라보는지, 얼마나 진심으로 꿈을 향해 나아가는지 이 흐름에 따라 삶도 함께 달라집니다.

또한 꿈은 변합니다. 자연스럽게, 때로는 의도치 않게 다른 방향으로 흘러가기도 합니다. 나 역시 그랬습니다. 수많은 꿈을 꾸었고, 바꾸었고, 때로는 포기했습니다. 하지만 포기가 꼭 실패를 의미하지는 않습니다. 오히려 어떤 꿈은 포기함으로써 더 넓은 길이 열리기도 했고, 새로운 나를 만나는 계기가 되기도 했습니다.

나의 주변에는 사회적으로 성공했다고 하는 직업을 가진 사람이 많습니다. 하지만 남들 보기에 좋은 직업을 얻었지만 삶의 목표를 잃고 방황하기도 합니다. 누구나 부러워할 만한 명문대를 나와 성공했다고 말할 수 있는 직업을 가진 사람들마저도 그렇습니다.

시대는 달라졌습니다. AI(인공지능) 시대는 직업의 의미를 새롭게 쓰고 있습니다. 지금은 각광을 받고 있지만 인공지능이 의사나 변호사 같은 직업을 대체할지도 모릅니다. 백 세 시대를 맞이한 지금, 어쩌면 우리는 세 번 이상 직업을 바꿔야 할지도 모르고, 그 과정에서 다양한 직무 환경에 놓일지도 모릅니다. 그 변화를 어떻게 준비해야 할까요? 미래의 답을 명확히 알지는 못하지만, 지금까지의 경험을 통해 유추해 볼 수는 있을 것 같습니다.

영국 작가 이언 플레밍의 소설 속에 등장하는 첩보

원이 있습니다. 그를 지칭하는 번호는 '007'입니다. 소설뿐 아니라 영화로도 여러 편 제작되었으니 아마 어린 학생들도 그 이름은 알고 있을 듯합니다. "내 이름은 본드, 제임스 본드"라는 대사로도 널리 알려져 있지요. 어릴 적 나는 제임스 본드와 같은 첩보원이 되는 꿈을 꾸었습니다. 어린 날의 치기 같은 감정이 사라진 후에는 신문 기자가 되고 싶었지요. 첩보원은 되지 못했지만 젊은 날의 한때, 신문 기자가 되어 세상 소식을 사람들에게 전하기도 했습니다. 그리고 지금은 출판사를 경영하고 있습니다.

현재 나의 꿈은 죽는 날까지 좋은 책을 만드는 것입니다. 사람의 마음과 정신을 울리는 책, 사람들에게 꿈과 희망을 주는 책, 그리하여 누군가의 인생을 좋게 바꾸는 책. 그런 책을 만드는 것입니다. 의사나 변호사, 회사 사장이 되는 것은 겉보기에 멋질 수 있습니다. 그러나 왜 그것이 되어야 하는지를 모른다면, 그 꿈은 결국 공허한 껍질에 지나지 않습니다.

내가 경영하는 출판사 '샘터'는 2025년에 쉰다섯 해를 맞았습니다. 나 또한 이곳에서 서른 해를 보냈습니다. 먼 길을 돌아, 오랜 시간을 건너 여기까지 왔습니다. 그 길과 시간을 돌이켜 보면 나는 복이 참 많은 사람이라는 생각이 듭니다. 나는 아직도 꿈을 꾸고 있으니까요. 꿈이 있는 한, 우리는 늙지 않습니다. 꿈이 있는 한, 삶은 언제나 새로운 시작입니다.

 그림 그리는 사람 | 홍빛나

나는 매일 매 순간 끊임없이 꿈을 꿉니다. 물 흐르듯 자연스러운 흐름에 나를 맡기고 나의 본질에 집중합니다. 내 안에서 평온을 찾고, 서두르지 않으며, 또 너무 느긋하지 않게 내가 이루어 갈 꿈의 시간과 공간을 설계해 나가고 있습니다.

내가 꿈꾸는 것은 '세계 최고'나 '우주 최강'이 아닙니다. 나는 조용히 어딘가에서 나와 같은 꿈을 꾸는 이들과 연결될 수 있는 마음의 통로를 만들고, 이 통로를 통해 아름다움을 나눌 수 있기를 바랍니다. 그리고 이를 통해 함께하는 사람들이 삶의 원동력을 얻을 수 있기를 희망합니다. 나의 꿈은 마음, 사랑의 온기, 진심 어린 위로를 함께 만들어 가는 것입니다.

배운다는 것, 무언가를 새로 깨치는 일은 한계가 없고 마주하는 순간마다 새로운 경이로움을 주어 늘 신선합니다. 학식을 쌓는 것만이 배움일까요? 인생의 긴 터널에서 "아, 그래. 그런 것도", "아마도, 그렇지", "그럴 수 있구나", "그래 그랬어……" 했던 순간들이 모두 크고 작은 배움의 쉼표입니다.

깊게 숨을 들이마시고, 한참의 준비 자세를 거쳐 아주 길게 숨을 내뱉습니다. 온몸을 통해 숨을 천천히 밖으로 내보냅니다. 비우고 채우기를 반복합니다. 아주 개운하고 깨끗합니다. 영혼마저도 투명해진 것 같습니다. 아, 다시 꿈을 꿀 준비가 되었습니다. 묵은 체증도, 어제의 어설픈 실망감도 아까 그 한숨에 다 날려 보냈지요. 이제 다시 나아가는 겁니다.

꿈을 꿀 준비에 또 설렙니다. 다시 태어나고, 다시 성장하고, 또 다른 나를 반갑게 맞이합니다. 새로울 것이기에 예측할 것이 없고, 그렇기에 다가올 기대감이 반갑습니다. 새로움을 느끼고 생동하는 사람은 행복합니다. 그 누구도 내게 새로움을 가져다주지 않습니다. 나의 새로움은 내가 만들어야 합니다. 나의 실수 또한 분명히 필요한 것이지요. 이 모든 것을 하나의 흐름으로 받아들입니다. 이렇게 또 다른 내가 한 겹 더 쌓입니다.

누군가는 온 시간을 바쳐 오늘도 자신의 정원을 열심히 가꿉니다. 아무도 보지 않더라도, 혹은 보고 싶을 누군가를 위해서 말이지요. 오늘도 어김없이 새벽을 열고 자신의 공간을 구석구석 가꿔 가는 그 사람. 그의 꿈의 시공간에서 나는 또 다른 꿈을 꿉니다.

자신만의 아름다운 정원을 성실하게 만들고, 그 예쁜 정원에 가끔 누군가를 초대할 수 있는 시공간을 가진 우리가 되었으면 좋겠습니다. 우리 모두가 각자의 아름다움으로 예쁜 꿈에 다가가기를 바랍니다. 모두 다르기에 더욱 귀하고 소중합니다. 나만의 것, 나만의 절대적인 아름다움을 사랑합시다. 누구도 가질 수 없는 나만의 정원을 가꾸어 봅시다.

모두가 신선한 꿈을 꾸고 내일을 기대하며 새로움에 기뻐하는 그 소소한 호사를 함께 누리기를 응원하며, 나는 오늘도 두 팔 벌려 당신을 기다립니다.

차례

들어가며 "우리의 계속되는 꿈"     4

# I

| | |
|---|---|
| 어린 시절의 이름 | 21 |
| 제임스 본드가 되고 싶었습니다 | 26 |
| 아빠의 작은 인형 | 31 |
| 품행방정상 | 37 |
| 하버드 로스쿨을 꿈꾸던 시절 | 43 |
| 외할머니 | 51 |
| 할머니가 주신 사랑의 힘 | 58 |
| 나는 왜 어른이 되고 싶었을까 | 63 |
| 꼬작집 | 69 |
| 진달래와 철쭉 | 77 |

# HAVE

| | |
|---|---|
| 골방 공부 | 85 |
| 너, 이러다 뭐가 될래? | 92 |
| 헌책방 | 99 |
| 꿈꾸는 나무 | 105 |
| 일하며 공부하며, 공부하며 일하며 | 111 |
| 용기란, 두려움을 느끼지 않는 것이 아니라 두려움을 이겨 내는 것 | 116 |
| 진짜 나를 찾아서 | 124 |
| 우리는 모두 자신의 의지와 상관없이 태어났다 | 128 |
| 김공제 선생님 | 132 |
| Music is my life | 140 |
| 넘어지는 순간에도 다시 일어설 힘을 | 144 |
| 언니라는 꿈 | 151 |

# A DREAM

| | |
|---|---|
| 10년 뒤에 보자 | 157 |
| 꿈꾸는 해피엔딩 | 166 |
| 빨리 가는 것보다 돌아가는 것이 재미있다 | 171 |
| 시인의 탄생 | 176 |
| 일단 가볍게 출발 | 187 |
| 빵을 굽는 마음으로 | 193 |
| 나만의 속도 | 198 |
| 빛나는 그림쟁이 | 205 |
| 책을 읽는 기쁨 | 211 |
| 우리들의 정원 | 215 |
| 풀꽃 시인 | 222 |
| 달리면서 알게 되는 것들 | 229 |

"I am the master of my fate,
  I am the captain of my soul."

"나는 내 운명의 주인이고, 내 영혼의 선장이다."

• 윌리엄 어니스트 헨리

# 어린 시절의 이름

내가 태어난 해는 1945년입니다. 일본의 식민지로부터 우리나라가 해방이 된 해이지요. 그런데 생일이 3월 16일입니다. 우리나라가 일본 식민지에서 해방된 것은 8월 15일이고요. 그래서 나도 젖먹이 시절 잠시 일본 식민지였던 나라에서 살았던 사람입니다.

그 증거가 바로 나의 이름입니다. 오늘날 나의 이름은 '나태주'이지만 어린 시절 나의 이름은 '나수웅'이었습니다. 일본식 이름이었지요. 일본 사람들은 남자 이름을 지을 때는 한자로 '웅(雄)' 자나 '낭(郎)' 자를 많이 사용했고 여자의 이름에는 '자(子)' 자를 주로 많이 사용했던 것입니다. 나의 어린 시절 이름 나수웅이 바로 그런 일본식 이름이었습니다.

그러나 여기서 더 나아가 나의 맨 처음 호적 이름은 '김수웅'이었습니다. 오늘에 와서 많이 부끄럽고 창피한 일입니다. 왜 이름의 성이 나 씨 성에서 김 씨 성으로 바뀌었을까요? 여기에도 이유가 없었던 것은 아닙니다. 우리 아버지네 집이 너무나 가난해서 우리 아버지가 우리 어머니네 집으로 데릴사위를 들어갔던 것이지요.

요즘 사람들에게 '데릴사위'라는 말은 잘 모르는 말일 거예요. 오늘날 그런 말은 아예 누구도 사용하지 않는 말이니까요. 이런 때는 국어사전을 찾아보아야 합니다. '처가에서 데리고 사는 사위'란 것이 국어사전의 설명입니다. 그런데 우리 아버지의 경우는 일본의 호적 처리 방식에 따라 성씨까지 나 씨에서 외할아버지의 성씨인 김 씨로 바뀌었던 것입니다.

그래서 오래 묵은 우리 집 호적을 보면 우리 아버지의 이름은 나승복이 김승복으로 적혀 있고 나의 이름은 나수웅이 김수웅으로 적혀 있습니다. 하지만 우리나라가 해방이 되어 일본의 호적 처리 방식이 사라지고 우리나라 것으로 돌아와 우리 아버지와 나는 다시 나 씨로 돌아온 것입니다. 애당초 나는 외갓집 자식이었던 것입니다.

우리 어머니는 형제가 없는 분이었습니다. 무남독녀 외딸이었지요. 그런 어머니한테서 첫아이로 태어난 나였기에 외할아버지와 외할머니는 나를 아주 많이 사랑하셨다고 합니다. 어린 내가 경기(어린아이에게 나타나는 증상의 하나. 갑자기 의식을 잃고 경련하는 병증)를 해서 의사를 부르러 갈 때도 아버지보다 외할아버지가 더 빨리 달려갔다고 그럽니다. 오죽했으면 신을 신고 옷을 입은 채 물이 고인 개울을 건너기도 했을까요.

그러나 그런 외할아버지가 갑자기 병에 걸려 오래 앓다가 돌아가셨다고 합니다. 병의 이름은 복막염. 오늘날 같으면 얼마든지 치료가 되는 병이었지요. 페니실린 주사약만 있었어도 얼마든지 살아날 수 있는 병이었으니까요. 그런데 해방이 된 지 얼마 안 되고 주사약을 구할 수가 없어서 결국은 세상을 뜨고 마셨다고 합니다. 그것이 내 나이 세 살 때. 외할아버지 병을 치료하느라 논을 팔고 살고 있던 집까지 팔고 난 뒤였습니다.

　어머니와 아버지는 다시 아버지네 집으로 돌아가서 살게 되고 외갓집에는 외할머니 한 분만 남게 되었지요. 아닙니다. 외할아버지 병으로 집을 팔았으니 외갓집조차 없어지고 만 것이지요. 하는 수 없이 외할머니는 남의 집 헌 방 하나를 얻어서 살게 되었어요. 그걸 그 시절에는 '곁방살이'라고 불렀어요. 오늘날 셋방살이보다 못한 것이었지요.

　이렇게 외할머니의 형편이 나빠지고 보니 어머니나 아버지는 외할머니나 돌아가신 외할아버지에게 미안하고 죄송스러운 생각이 들었겠지요. 그래서 나온 하나의 방법이 외갓집에서 태어나고 외할아버지와 외할머니의 사랑을 받은 내가 외할머니와 함께 사는 것이었어요. 그래서 나는 아버지와 어머니의 자식이기보다는 외할머니의 자식으로 자라게 되었습니다.

　그때 내 나이가 세 살. 나는 열두 살 초등학교 졸업할 때까지 외할머니와 함께 살았어요. 놀랍게도 그 당시 외할머니의 나이는 서른여덟이었어요. 모르는 사람이 보면 나를 외할머니의 늦둥이 아들쯤으로 알았지요.

얼굴조차 너부죽해서 정말로 그렇게 보였을 것입니다. 그로부터 나의 삶은 다른 사람들과 다른 쪽으로 흘러갔습니다. 어쩌면 그것이 오늘의 나를 만들게 된 까닭이 아닌가 싶습니다.

# 제임스 본드가 되고 싶었습니다

어렸을 적, 별스러운 꿈이 하나 있었습니다. 바로 제임스 본드가 되는 것이었지요. 물론 현실의 인물이 아니라 영화 속 주인공이지만, 나는 진지했습니다. 위기가 닥쳐도 아무렇지 않게 해결하고, 악의 무리를 단숨에 제압하는 정의의 사도. 사막에 떨어져도, 북극에 혼자 남겨져도 살아남는 생존의 달인. 무엇보다 어디서든 예쁜 여자들의 마음을 단숨에 사로잡는 매혹적인 남자. 그런 제임스 본드가 되고 싶었습니다.

당연히 《007》 영화 시리즈는 하나도 빠짐없이 모두 봤습니다. 한 편을 대여섯 번씩 다시 보면서 그의 표정, 손짓, 말투 하나까지 흉내 내려고 애썼지요. 간혹 본드만의 매력을 발산하는 대사를 따라 하기도 했습니다.

제임스 본드가 되기 위해서는 우선 만능 스포츠맨이 되어야 한다고 생각했습니다. 그런데 현실의 나는 몸도 약하고, 키도 반에서 항상 앞에서 두세 번째 줄에 앉을 정도로 작은 아이였습니다. 그래도 쉬는 시간만 되면 운동장으로 나가 축구를 했고, 또 농구를 하면 키가 쑥쑥 큰다고 해서 덜컥 농구부에 가입도 했습니다. 작은 키로 코트를 뛰어다니며 땀을 뻘뻘 흘렸지요. 가끔 지칠 때도 있었지만 꿈을 이루는 과정이라 생각하니 힘든 줄 모르고 더 열심히 달렸습니다.

한번은 이런 황당한 일도 있었습니다. 제임스 본드가 밧줄을 타고 절벽을 내려오는 장면을 본 것입니다. 당연히 흉내 내고 싶었지요. 마침 볏짚으로 엮은 밧줄이 집에 있었습니다. 당시 이층집에 살았는데, 그 밧줄을 2층 난간에 묶고 1층으로 내려가겠다고 작정한 겁니다. 문제는 1층 담벼락에 도둑을 막기 위해 쇠창살이 촘촘히 박혀 있었다는 것이지요. 잘못 떨어지기라도 하면 큰일이 날 게 뻔했습니다. 게다가 볏짚으로 만든 밧줄이니 언제 풀리거나 끊어질지도 몰랐고요. 그야말로 영화 속 한 장면처럼 위험천만한 도전이 아닐 수 없었습니다. 하지만 그런 난관쯤은 아무렇지 않았습니다. 나는 제임스 본드를 꿈꾸는 소년이었으니까요. 결국 감행했습니다. 지금처럼 미끄러지지 않는 스포츠용 장갑도 없이 맨손으로 말이지요.

지금 생각해도 아찔합니다. 절반쯤 내려왔을 무렵, 마침 동네 마실 나가셨던 친할머니가 돌아오시다가 밧줄에 대롱대롱 매달려 있는 나를 발견하셨습니다. 처음에는 '도대체 웬 놈이 남의 집 담을 넘나?' 하며 도둑놈인 줄 아셨답니다. 가까이 와서야 손자인 걸 알고는 자지러지게 놀라 그 자리에서 덜썩 주저앉으셨지요. 그날 밤 나는 할머니께, 어머니께, 형들한테까지 두들겨 맞았습니다. 하지만 나의 모험은 끝나지 않아 나중에는 아예 밧줄도 없이 2층에서 뛰어내린 적도 있습니다.

물론 여기서 멈추지 않았습니다. 그보다 더 아슬아슬한 모험을 여러 차례 시도했습니다. 인터넷도 없던 시절, 책을 뒤져 폭음탄 만드는 법을 알아내서는 개구쟁이 친구들과 길에서 펑펑 터뜨리기도 했지요. 폭음

탄이라고 하면 요즘 친구들은 잘 모를 텐데, 화약에 심지가 있어서 여기에 불을 붙이면 펑 하고 터지는 장난감입니다. 소리가 어찌나 큰지 지나가던 여고생 누나들은 물론이고 어른들도 깜짝 놀랄 정도였습니다. 지금 생각해 보면 된통 혼이 날 일이지만 그때는 또 그런 재미에 빠져 폭음탄을 던진 후 줄행랑을 치곤 했습니다. 간이 점점 커졌지요. 이 모든 게 영화에서 본 장면들을 따라 하고 싶다는 열망 때문이었습니다. 지금 생각하면 아찔한 노릇이지만, 그때의 나는 작은 소년이 아니라 첩보원 제임스 본드였으니 하지 못할 도전은 없었습니다.

그 열망은 결국 나를 다양한 활동으로 이끌었습니다. 합기도 같은 무술도 배웠고 나이가 들어서는 검도도 시작했습니다. 합기도도 검은 띠, 검도도 유단자가 되었습니다. 패러글라이딩, 스쿠버 다이빙, 테니스, 야구, 골프, 등산, 마라톤까지 섭렵했지요. 어릴 적 나약했던 내가 제임스 본드처럼 되기 위해 할 수 있는 건 모두 해 봤던 겁니다. 명령만 떨어지면 당장 세계적인 첩보원으로 활약할 준비를 했다고 생각한 순간, 나는 결국 깨닫게 되었습니다. 나는 결코 제임스 본드가 될 수 없다는 사실을요. 왜냐하면 제임스 본드는 현실이 아니라 영화 속 인물이니까요. 나는 007 요원이 되고 싶었지, 영화배우가 되고 싶었던 건 아니었거든요. 그리고 결정적으로, 007 요원은 나라를 지키기 위해 목숨을 거는 정보기관원인데 나는 그만한 애국심도, 용기도 없었습니다. 그렇게 나는 서서히 환상에서 깨어났습니다.

하지만 꿈을 접었다고 해서 아무것도 얻지 못한 건 아니었습니다. 어릴 적 나약해서 일주일에 하루는 결석이나 조퇴를 하던 몸은 이제 마라톤이나 히말라야산맥 트레킹까지 거뜬히 해낼 만큼 튼튼해졌고, 스포츠가 주는 즐거움과 땀의 의미 그리고 '끈기'와 '인내'라는 인생의 미덕까지 배우게 되었습니다. 제임스 본드가 되겠다는 그 순진한 꿈에서, 나는 의외의 선물을 얻었던 겁니다.

아직도 가끔, 꿈을 꾸던 그 시절을 떠올리면 가슴 한 구석이 설렙니다. 그 설렘이 지금의 나를 만든 힘이자 시작이었습니다.

# 아빠의 작은 인형

나는 어느 별에서 왔을까? 그 시간에 나는 왜 이곳에 오게 되었을까? 늘 궁금했습니다. 영문도 모른 채 우리는 둥근 세상, 이 지구에 발을 디뎠습니다. 나는 나의 아버지의 큰딸로, 모든 희망과 삶의 방향을 담아 이곳의 작은 지구인이 되었습니다.

내가 자라나는 동안 어머니께서는 늘 이렇게 말씀해 주셨습니다. "빛나야, 넌 아빠에게 누구보다 소중하고 보석 같은 딸이야. 온 마음이 꿈이자 오늘을 살아 내는 힘인 우리 큰딸."

혼자셨던 아버지에게 어느 날 찾아온 어머니는 후광이 넘치는 선녀님 같았고, 나는 세상에 존재하는 아버

"나의 꿈을 이루는 모든 미션은
아버지를 기쁘게 해 드리고 싶다는
마음으로 시작되었습니다."

지의 소중한 판박이 인형이 되었지요. 아버지는 늘 나를 어디든 데리고 다니셨습니다. 일하러 나가실 때도, 친구를 만나러 가시는 자리에도 아버지 곁을 졸졸 따르는 내가 있었습니다. 아버지는 소중한 내가 사라지지는 않을까 노심초사하며 나를 안고, 업고 다니셨습니다. 아버지 품속의 온기가 선명하게 기억납니다. 늦은 밤, 잠든 나를 안아 주시던 아버지의 품은 이 세상에서 가장 넓고 따뜻했으며 포근했습니다. 나는 그런 아버지를 '사람 난로'라고 불렀습니다.

아버지는 밤하늘을 볼 때마다 존재감이 넘치는 달을 보며 말씀하셨습니다. "빛나야, 저 달은 내 고향이야. 나는 언젠가 저 달로 갈 거야. 나는 저 달을 사랑해." 나는 왠지 모르게 슬펐습니다. '왜 아버지는 달로 가시겠다고 하실까, 떠나기는 어디를 떠나' 하고 생각했지요. 아버지가 그런 말을 할 때마다 행복한 우리의 시간이 줄어드는 것처럼 느껴졌습니다.

처음 몇 번은 애써 아버지의 말을 가로막곤 했습니다. 아버지에게 그런 말을 하지 말고, 행복한 지금을 이야기하자고 말했지요. 슬픈 마음에 빠진다고요. 그런데 어느 날부턴가 달이 내게 찾아와 위로가 되어 주었습니다. 또 희망이 되어 주었습니다. 그렇게 달은 나의 가장 친한 벗이 되었습니다. 아버지의 저 달이 어느새 아버지처럼 보이기 시작했지요.

해는 제 몸을 녹이며 서서히 사라지고, 달이 슬그머니 까만 밤하늘 위로 떠오릅니다. 우주의 섭리대로 때가 되면 찾아오는 밤은 고약한 적막감과 무자비한 고요함으로 무장한 채 세상에 가득 차 버립니다. 가끔은 온통 까만 밤하늘이 막막하고 답답하기도 합니다. 나는 엄청난 두려움에 사로잡히지요. 하지만 금세 어둠 속에서 나를 비추는 한 줄기 빛이 보입니다. 그 빛은 금방 부풀어 초승달이 되기도, 보름달이 되기도 합니다. 모양과 부피를 막론하고 모든 형상의 달은 마음의 평화이고, 맑고도 깊은 호수 같습니다. 나는 이들을 붙잡고 밤을 즐겨 봅니다.

오늘 저녁도 어김없이 달이 떠 있습니다. 저 달이 너무도 반갑습니다. 밤마다 달을 보며 그곳이 진정한 당신의 고향이라 말씀하시던 아버지의 이야기는 내게 의식이 되고, 때로는 무의식이 되어 두렵고 험난한 세상에서 나를 지키는 수호자가 되어 주었습니다. 그리고 화가인 나의 그림 안에서 계속해서 이야기를 풀어내고 있지요.

나는 매일 밤을 기다립니다. 그렇게 고대하던 달을 따려고 접시달이 둥둥 뜬 망망대해 밤바다를 뛰어들어 온순하고 뽀얀 달을 만나고야 말았습니다. 나만의 달항아리 '문스마일'을 그렇게 만났습니다. 나의 예술의 핵심은 달과 달항아리입니다. 이 둘은 나의 그림 안에서 꿈을 노래하고, 서로를 보듬으며, 서로의 얼굴을 쓰다듬습니다.

나의 꿈은 이렇게 시작되었습니다. 나의 꿈을 이루는 모든 미션은 아버지를 기쁘게 해 드리고 싶다는 마음으로 시작되었습니다. 나의 첫사랑 아버지. 나는 든든한 아버지를 위한 예쁜 딸이 되고 싶었습니다. 착한 아버지에게 작은 기쁨이 되어 드리고 싶었습니다. 힘들고 외로운 유년 시절을 보내셨던 아버지였지만, 늘 넘치는 사랑 속에서 나를 자라게 해 주심에 감사드리는 마음이었습니다.

누구에게나 떳떳하게, 어디서나 힘차게 살아오신 아

버지의 멋진 인생에 대한 존경을 담아 오늘도 나는 그 이야기를 마음으로 그려 나갑니다. 이는 곧 내가 가고자 하는 삶의 방향이자 최종 목표가 되어 나의 꿈에 용기를 불어넣고 있습니다.

# 품행방정상

어린 시절 나는 전혀 눈에 띄는 아이가 아니었습니다. 그저 보통의 아이였을 뿐입니다. 어쩌면 보통보다 못한 아이였는지 모릅니다. 조금쯤 학교 성적도 부족했고 행동은 더구나 굼떴습니다. 무엇보다 운동 신경이 둔해서 학교에서는 체육 시간에 자주 빠졌고 동네 아이들과 어울려서 하는 놀이에서도 항상 뒷전이었습니다.

언제나 혼자 노는 아이였습니다. 왕따를 자주 당하는 아이였습니다. 아이들이 나를 부르는 별명은 여러 가지였습니다. 요즘 아이들도 그렇겠지만 아이들은 조그만 일을 가지고 다른 사람의 별명을 지어냅니다. 별명을 부르며 짓궂게 놀리기를 잘합니다. 초등학생 시절 나는 별명이 세 가지나 되었습니다. 성 씨가 나 씨라 해서 우선 날타리(날파리: 하루살이)라고 불렸고 머리가 크다고 대갈장군이라 불렸고 4학년 때 가분수를 배운 뒤로는 가분수라 불렸습니다. 역시 머리가 크다는 까닭에 그랬습니다.

내가 어린 시절 공부도 시원찮고 행동이 굼떴던 데는 나름대로 핑계가 없는 게 아닙니다. 우선 학급의 다른 아이들보다 한 살 어린 나이에 학교에 들어갔습니다. 일곱 살에 초등학교에 들어가야 하는데 여섯 살에 1학년에 입학했던 것입니다. 그것도 3월이 아니고 9월에 입학했습니다. 한 살 어린 나이에 초등학교에 입학한 것은 아버지의 뜻에 의해서 그런 것이고 9월에 입학한 것은 6·25 전쟁으로 그렇게 된 것입니다.

또 이유가 있습니다. 학교를 세 군데나 옮겨 다닌 것입니다. 1학년은 기산초등학교 이사리 분교에서 한 학기밖에 공부하지 못했고, 2학년부터는 이사리 분교의 본교인 기산초등학교에서 공부하기로 되었는데 학교 가기가 싫어 집에서 놀다가 2학년 2학기가 되어서야 외갓집이 있는 시초초등학교로 옮겨 가서 초등학교 공부를 마칠 수 있었습니다. 말하자면 초등학생 시절의 삶이 매우 불안정했던 것입니다.

오늘에 와서 따져 보면 나는 초등학교를 6년 동안 다닌 것이 아니고 5년 동안만 다닌 셈입니다. 그러므로 공부 내용도 다른 아이들에 비해 많이 빠져 있었습니다. 마땅히 배워야 할 것을 배우지 못한 것입니다. 그러다 보니 학급의 다른 아이들에 비해 무언가 엉성하고 부족한 데가 있었던 것입니다.

그러한 내가 나름대로 편안한 마음으로 공부하게 된 것은 4학년부터입니다. 담임 선생님이 좋은 분이었습니다. 황우연 선생님. 성격이 온순하고 말소리가 작고 풍금을 잘 연주하여 학교 안에서 음악 선생님으로 통했습니다. 내가 지금도 기억하고 있는 노래는 '산 높고 물 맑은 우리 마을에 / 움돋고 꽃피는 봄이 왔어요 / 한겨울 땅속에 잠자던 개구리 / 바스스 잠 깨어 뛰어 납니다'로 시작되는 〈봄이 왔어요〉라는 노래인데 이 노래 역시 황우연 선생님으로부터 배운 노래입니다.

황우연 선생님이 4학년에 이어 5학년 담임까지 맡아 주셨습니다. 나로서는 매우 좋은 일이었습니다. 황우연 선생님이야말로 나를 최초로 알아주시고 칭찬해 주신 선생님이셨습니다. 나더러 그림을 잘 그리는 아이라고 말해 주신 것입니다. 나아가, 서천 군내 초등학생 실기 대회에 나를 정물화 부문 선수로 출전시켜서 동상을 받게 해 주셨습니다. 실은 그것이 내가 초등학교 때 받은 유일한 외부 상장이었습니다.

하지만 아무래도 학과 공부 성적은 부족했던가 봅니다. 학교 다니는 동안 한 차례도 우등상을 받아 본 적이 없는 나이기는 하지만 황우연 선생님이 담임했던 4학년, 5학년 때도 나는 우등상을 받지 못했습니다. 다만 5학년을 마치면서 '품행방정상'이라는 이름의 상을 받은 일이 있습니다. 품행방정상은 오늘날로 말하면 선행상 비슷한 상입니다.

그렇지만 나는 선행을 하는 착한 아이는 아니었습니다. 다만 말이 많지 않은 아이였고, 키가 작아 맨 앞자리에 얌전하게 앉아 있는 아이였고, 수업 시간에 선생님 얼굴을 똑바로 바라보며 선생님의 설명을 잘 듣는 아이였을 뿐입니다. 그래서 황우연 선생님이 나에게 용기를 주기 위해 마련해 준 상이 품행방정상이었던 것입니다.

모처럼 상을 받고 기분이 좋아진 나는 그 상장을 들고 외할머니에게 드렸습니다. 자랑스러운 마음으로 그랬을 것입니다. 하지만 외할머니의 말씀이 뜻밖이었습니다. "너는 머리가 좋은 아이가 아니야. 노력하니까 그만큼이나 하는 것이란다." 나는 외할머니의 그 말씀이 많이 섭섭했습니다. "그래, 잘했구나. 앞으로 더 잘하거라"라고 하거나 "너는 머리가 괜찮은 아이다. 앞으로 더 잘할 수 있단다"라고 시원스럽게 칭찬해 주셨으면 얼마나 좋았을까요.

그렇지만 그때 외할머니가 칭찬해 주시지 않고 '너는 머리가 좋은 아이가 아니고 노력하니까 그만큼이나 하는 것이다'라고 해 주신 말씀은 얼마나 나에게 좋은 말씀이 되었는지 모릅니다. 그로부터 나는 평생 동안 노력하는 사람으로 살았기 때문입니다. 그런 점에서 우리 외할머니는 솔직하고 지혜로운 분이기도 하셨던 것입니다.

외할머니와 함께 황우연 선생님은 나의 초등학생 시절 나에게 가장 많은 영향을 주신 분입니다. 가장 많이 사랑을 주신 분이란 말입니다. 나는 5학년 때 처음으로 학급 어린이회 미화 부장으로 뽑히기도 했는데 이 또한 황우연 선생님 덕분으로 그렇게 된 것입니다. 다음 날 시간표에 사회 공부가 있어서 칠판에 걸어 놓고 공부할 지도가 필요할 때면 선생님은 나에게 모조지 전지 한 장을 주시면서 집에 가서 지도책을 보고 지도를 크게 그려 오라고 숙제를 내주시곤 했는데, 그런 걸 보고 아이들이 나를 미화 부장으로 추천해 준 것이었습니다.

어린 시절에는 어른의 말씀 한마디가 참으로 그 아이를 바꾸어 놓는 엄청난 일을 합니다. 가벼운 칭찬이 그 아이를 좋은 쪽으로 이끌기도 하고 조그만 꾸지람이 그 아이를 나쁜 쪽으로 이끌기도 합니다. 그러므로 어른들은 아이들을 대할 때 조심스럽게 대해야 합니다. 아이들도 어른이 해 주시는 칭찬이나 좋은 말씀을 귀담아들었다가 그대로 하려고 노력해야 합니다. 비록 나는 화가는 되지 못했지만 황우연 선생님의 칭찬과 부추김으로 어린 시절 나의 꿈은 화가였습니다. 오늘에 와서 참으로 감사하게 여기는 마음입니다.

# 하버드 로스쿨을 꿈꾸던 시절

1974년 1월, 중학교 입학을 앞둔 겨울. 건강하시던 아버지가 어느 날 갑자기 쓰러지셨습니다. 아버지는 1926년생이시니까 그때 마흔 여덟이셨지요. 나의 나이는 열네 살. 초등학교 졸업을 앞둔 때였습니다.

새벽에 응급실로 급히 모셨는데, 한 달 가까이 의식을 회복하지 못하셨고, 가까스로 정신을 차리신 뒤에도 아침에 무얼 드셨는지, 누가 병문안을 왔었는지조차 기억하지 못하셨습니다. 300명이 넘게 적혀 있는 수첩 속 전화번호도 하나하나 모두 외울 정도로 기억력이 비상하셨던 분이었고, 타고난 강골이라 늘 건강을 자신하셨는데, 낯선 병실에 누워 계신 아버지는 왜

"꿈이 내면 깊은 곳에서
길어 올린 것이 아니라면
어느 순간 바람처럼 바뀌거나
스스로 사라지고 맙니다."

소해 보이기만 했습니다.

　병원에서는 의견이 분분했습니다. 외과 의사들은 강요하다시피 뇌 수술을 권했으나, 내과 의사들은 시간을 두고 상태를 지켜보자는 쪽이었습니다. 이때 어머니는 깊은 고민에 빠지셨다고 합니다. 다른 곳도 아니고 뇌를 수술하는 것은 당시로서는 너무 큰 모험이었으니까요. 결국 수술을 하지 않기로 결정한 어머니는 여러 대학 병원을 전전하며 명의를 찾아다니셨지만 누구도 명확한 진단을 내리지 못했습니다. 결론은 늘 같았습니다. '원인 불명.' 원인을 알지 못하니 치료도 제대로 하지 못한 채 새로운 병원을 찾고, 묻고, 또 실망하는 일이 반복되었습니다.

　그 겨울밤 이후, 아버지의 투병은 6년 가까이 이어졌습니다. 음식을 잘 삼키지도 못하고, 물을 마시면 금세 토하고, 밤에 잠도 잘 주무시지 못하는 아버지……. 몸무게가 80킬로그램이 넘던 아버지는 45킬로그램까지 줄어 정말이지 '피골이 상접하다'는 말을 실감할 수 있을 정도였습니다. 하지만 어머니는 강하셨습니다. 아버지 곁을 묵묵히 지키며 온 정성으로 보살피셨습니다. 아버지의 투병 이후 점점 어려워졌던 경제 문제를 해결한 것도 어머니셨습니다.

    그 시절, 나는 공부를 잘했습니다. 매번은 아니어도 전교 1등을 하기도 했고, 100점을 받아 오기도 했지요. 학교에서 받은 상장과 성적표를 보여 드리면 아버지는 "잘했구나, 애썼다" 칭찬하며 환한 미소를 지으셨습니다. 맨날 007 흉내나 내며 놀러 다니기만 하던 내가 어떻게 그리 공부를 잘할 수 있었는지 스스로 기특할 지경이었지만, 어린 마음에도 아픈 아버지를 위해 열심히 공부해야 한다는 사명감이 있었던 것 같습니다. 그렇게 기뻐하시는 아버지를 보면 왠지 효도를 하고 있다는 생각이 들었고, 아버지도 병을 훌훌 털어 내고 벌떡 자리에서 일어나실 것만 같았지요. 병중에도 나를 보고 환히 웃는 아버지를 위해서라면 나는 못 할 게 없었습니다.

    그때부터 조금씩 007 놀이도 끝이 났던 것 같습니다. 몸도 자랐고, 생각도 자랐습니다. 더 열심히 공부했고, 친구들이 놀러 가자고 유혹해도 곧장 아버지 곁으로 가 이런저런 이야기를 나눴습니다. 그게 오히려 내게 큰 기쁨을 주었습니다. 비록 병상에 누워 계시지만, 일 때문에 바빠서 얼굴 보기도 힘들었던 아버지가 늘 곁에 계시니 마음이 든든하고 위안이 되었던 것일 테지요.

그때 아버지는 종종 이런 말씀을 하셨습니다.

"너는 공부를 잘하니 서울대보다 더 큰 꿈을 펼쳐 보렴. 세계에서 제일 좋다는 하버드 로스쿨에 가서 공부한 후에 법관이 되는 것은 어떻겠니?"

아버지의 말씀은 내게 큰 울림이 되어 다가왔습니다. 하버드 로스쿨은 어떤 곳인지, 법관이 어떤 일을 하고 어떤 삶을 사는지도 모른 채 '아버지 말씀처럼 미국에 가 보는 건 어떨까? 그래, 하버드 로스쿨에 입학하는 거야!' 하고 아버지가 바라는 사람이 되겠다고 다짐하는 것만으로도 가슴이 벅차올랐습니다. 제임스 본드가 되고 싶던 소년의 꿈은 그렇게 다른 방향으로 나아가기 시작했습니다.

때마침 TV에서는 〈하버드 대학의 공부벌레들(The Paper Chase)〉이라는 미국 드라마가 인기를 끌고 있었습니다. 재능 있는 청년이 하버드 로스쿨에 입학한 다음 아르바이트로 돈을 벌며 치열한 경쟁 속에서 사랑과 성장을 경험하는 이야기였지요. 물론 배경이 로스쿨이다 보니, 법 관련 이슈를 중심으로 한 여러 에피소드가 펼쳐져서 로스쿨을 마음에 두고 있던 내게 더 크게 다가왔습니다.

드라마의 중심에는 존 하우스먼이 연기한 킹스필드 교수라는 인물이 있었습니다. 철학자 소크라테스의 교육법처럼 킹스필드 교수도 본인이 직접 답을 말하지 않습니다. 다만 학생들이 그 답을 찾아갈 수 있도록 질문에 질문을 이어 갑니다. 학생 역시 교과서에 나오는 답이 아니라 현실에서 얻을 수 있는 답을 찾아가게 되지요. 한마디로, 질문 속에 답이 있다는 진리를 얻게 됩니다. 킹스필드 교수는 학생들에게 법조인의 엄격한 기준을 요구했고, 학생들은 그의 혹독한 수업을 통해 점차 진정한 법조인의 길에 다가가게 됩니다.

나 역시 그 드라마에 빠졌습니다. 방영 시간을 한 번도 놓치지 않고 몰입하여 봤습니다. 마치 내가 주인공인 것처럼 이야기 속 고뇌에 함께 흔들렸습니다. 법조인이 되기 위한 길이 단지 명문대 입학이나 높은 성적만으로 이루어지는 게 아니라는 사실, 그리고 그 길 위에 놓인 수많은 고민과 윤리적 선택들이야말로 진짜 공부라는 것을 깨달았습니다. 그 과정에서 하버드 로스쿨 강의실에서 킹스필드 교수의 수업을 듣겠다는 목표가 서서히 자리를 잡아 가기 시작했습니다. 공부에 더욱 매진하게 되었던 이유이기도 합니다.

하지만 드라마가 종영되고 아버지의 건강이 조금씩 회복세를 보일 즈음, 나에게 또 다른 손님이 찾아왔습니다. 바로 사춘기. 가슴이 자주 뛰었고, 세상이 낯설고 무의미하게 보이기 시작했지요. 또래 아이들의 행동도 유치하게 느껴졌습니다. 혼자만의 시간이 시작된 것입니다. 공부에 대한 끈기는 점점 옅어졌고, 교과서보다는 만화책과 소설책에 더 빠져들었습니다. 만약 그때 내가 '하버드'라는 이름보다 좋은 법관이 되어 '정의로운 세상을 만들어 보겠다'는 더 본질적인 꿈을 가졌더라면 내 삶은 또 어떻게 변했을까 하는 생각을 해 봅니다.

'하다'라는 동사는 어떤 결과를 이루는 것을 뜻하는 말이기도 하지만, 어떤 지위나 역할을 맡는다는 말이기도 합니다. 어떤 지위나 역할을 맡는다는 것은 곧 책임을 져야 한다는 의미이지요. 나는 꿈을 꾸었으나 그 꿈이 확실하지 못해 꿈에 충실하지 못했고, 그 꿈을 이루기 위한 책임에도 소홀했습니다. 하지만 이것이 실패라고 생각하지는 않습니다.

꿈은 내면에서부터 출발하지만 종종 외부의 목소리로 만들어지기도 합니다. 하지만 그 꿈이 내면 깊은 곳에서 길어 올린 것이 아니라면 어느 순간 바람처럼 바뀌거나 스스로 사라지고 맙니다. 그 무렵, 나는 책상 위에 이렇게 적어 두었습니다.

"꿈은 변하기 마련이다."

그 문장은 좌절이나 변명의 기록이 아니라 성장의 증거였습니다.

# 외할머니

 사람은 어린 시절에 누구와 함께 살았느냐가 중요합니다. 물론 여기서 말하는 사람은 어른이지요. 어린 사람은 여러 가지로 약한 사람이고 또 부족한 점이 많은 사람이지요. 무엇보다도 몸이 자라야 하고 마음이 자라야 하는 사람이지요. 이렇게 몸이 자라고 마음이 자라는 데 도움을 주는 사람이 어른입니다.

 나는 세 살 때부터 외할머니 밑에서 자라면서 외할머니의 은혜를 참 많이 입은 사람입니다. 외할머니는 마음씨가 너그럽고 순한 분이었습니다. 정이 많고 정직하고 착한 분이기도 했지요. 동네 사람들과도 친하게 지내셨습니다. 이런 외할머니 밑에서 내가 자란 것부터가 행운과 같은 일이었습니다.

외할머니는 어떤 경우에도 내 편을 들어주시는 분이었습니다. 어린 시절뿐만 아니라 내가 다 자라 어른이 된 뒤에도 오직 내 편을 들어주셨지요. 외할머니는 내가 어떤 일을 하든지 간섭하지 않으셨습니다. 나를 믿으셨던 것이지요. 조금 비뚤게 나가도 잠시는 그냥 놔두고 내가 제자리로 돌아오기를 기다려 주셨습니다.

나는 그런 외할머니가 참 좋았습니다. 낳아 주신 분은 어머니지만 정작 어머니와 같은 느낌을 주는 분은 외할머니였으니까요. 외갓집에 비해서 아버지와 어머니가 사시는 집은 식구가 아주 많고 사는 것도 넉넉하지 않았습니다. 춥고 배고픈 집이 바로 아버지네 집이었지요. 어쩌다 아버지네 집에 가기도 했지만, 그때마다 나는 외갓집으로 돌아가고 싶었습니다.

하나의 도망이었지요. 그렇게 외갓집은 나에게 피난처였고 낙원이었습니다. 그러나 외할머니와 사는 집은 외할머니네 집이 아니라 남의 집이었습니다. 그것도 헛부엌이 딸린 방 한 칸입니다. 방문이 두 개인데 집주인네 마당으로 난 문과 한길 쪽으로 난 문이 있었지요.

외할머니와 나는 주로 한길 쪽의 문으로 드나들었지요.

그래도 나는 외할머니와 사는 것이 좋았습니다. 외할머니가 배고픈 것을 막아 주고 추운 것을 막아 주었기 때문이지요. 어떤 경우에도 외할머니는 나에게 찬밥을 먹이지 않았습니다. 추운 겨울날 저녁에 잘 때도 외할머니가 미리 이불 속에 들어가 이불을 덥힌 뒤 나에게 들어가 자라고 하셨습니다. 지금 와서 생각해도 한없이 고맙고 죄송스러운 일입니다.

외할머니는 나를 등에 업어 주기를 좋아하셨습니다. 아닙니다. 내가 외할머니의 등에 업히기를 좋아했습니다. 외할머니의 등은 넓고 따습고 푸근했습니다. 어린 나의 마음이 가서 안기기 좋았고 나의 마음을 안정시키기 좋았습니다. 아마도 초등학교 3학년 때까지 외할머니더러 업어 달라고 떼를 쓰며 자라지 않았나 싶습니다. 낮에는 다른 아이들 눈치 보느라 업어 달라 하지 않고 해가 지고 어두워지고 나서야 외할머니더러 업어 달라 했던 것 같습니다.

외할머니는 나를 업으면 언제나 콧노래 비슷한 노래

를 불러 주셨습니다. '꼬꼬닭아 울지 말라 / 멍멍개야 짖지 마라 / 우리 애기 잘도 잔다 / 앞집 개도 잠을 자고 / 뒷집 개도 잠을 잔다.' 그렇게 자장가를 불러 주시기도 했고 또 이런 노래를 불러 주시기도 했습니다. '은자동아 금자동아 / 금을 준들 너를 사랴 / 은을 준들 너를 사랴 / 복일랑은 석순이 복을 / 명일랑은 동박삭이 명을.' 아마도 이런 노래는 어린 나를 축복하는 노래였을 것입니다.

그렇지만 외할머니는 내가 거짓말하는 것을 좋아하지 않으셨습니다. 그리고 다른 사람을 무시하는 걸 좋아하지 않으셨습니다. 오늘날 내가 이만큼이라도 정직하게 살려고 노력하는 것은 외할머니의 가르침 덕분입니다. 또 다른 사람을 위하고 배려하는 마음을 가지려고 애쓰는 것도 외할머니한테서 배운 것입니다.

한번은 이런 일이 있었습니다. 초등학교 3학년 때였지 싶습니다. 그 시절은 우리나라에 6·25 전쟁까지 있었던 때라서 누구나 밥을 굶고 추운 집에서 살았고 헌 옷을 입고 살던 때였지요. 너도 가난하고 나도 가난하던 때였지요. 외갓집 마을에 밥을 얻어먹으러 다니는 한 남자아이가 있었습니다. 내 또래쯤 되는 아이였습니다. 우리보다도 더 헌 옷을 입고 밥을 담는 깡통 그릇을 들고 다녔습니다. 말하자면 거지 아이였습니다.

그 아이가 동네에 나타나면 아이들은 그 아이를 따라다니며 놀려 댔습니다. '땜쟁이! 땜쟁이! 땜쟁이 아들!' 그 아이는 우리 마을 뒷동네에 사는 아이인데 아버지와 둘이서 산다고 했습니다. 그런데 땜질을 하던 아버지가 병이 들어 집에만 있어서 하는 수 없이 아들아이가 깡통을 들고 먹을 것을 얻으러 우리 마을까지 온다는 것이었습니다.

그러나 다 같이 먹을 것이 부족하던 시절이라 그 아이는 먹을 것을 얻지 못하고 빈 깡통을 든 채 집으로 돌아가기 일쑤였습니다. 매우 춥고 어두운 어느 겨울날 밤이었습니다. 외할머니와 저녁밥을 먹고 잠을 자려고 하는데 한길 쪽으로 난 문 앞에서 이상한 소리가 들렸습니다. "너무 추워요. 너무 배고파요. 밥 좀 주세요." 그것은 바로 땜쟁이 아들의 소리였습니다. 그날도 그 아이는 밥을 얻지 못하고 빈 깡통을 들고 집으로 돌아가던 길이었나 봅니다.

그때 외할머니가 벌떡 자리에서 일어나 방문을 열었습니다. 바깥에서 찬 바람이 휙 하고 방 안으로 들어왔습니다. "얘야, 조금만 기다려라." 외할머니는 서둘러 주인집 마당으로 난 방문을 열고 부엌으로 나가 저녁에 먹다 만 밥이며 반찬을 들고 와 땜쟁이 아들의 빈 깡통에 부어 주었습니다. "쯧쯧, 어린것이 얼마나 배가 고플까?"

그렇게 땜쟁이 아들이 돌아간 뒤 외할머니는 나에게 말씀하셨습니다. "영주야(집에서 부르던 이름), 너도 저 땜쟁이 아들을 놀렸느냐?" "응, 놀렸어." "사람이 그러면 못쓴단다. 다음부터는 그러지 말아라." 대답은 하지 않았지만 다시는 그 아이를 놀리지 말아야겠다고 생각했습니다. 정말로 내가 사람이 소중하다는 것을 알게 된 것은 외할머니 덕분입니다. 외할머니는 그렇게 어린 나에게 사람 사랑을 가르쳐 주신 분입니다. 나에게 가장 좋은 선생님이기도 했던 것이지요. 어린 시절 내가 외할머니 밑에서 자라지 않았더라면 오늘날의 나는 절대로 되지 못했을 것입니다.

## 외할머니

나태주

시방도 기다리고 계실 것이다,
외할머니는.

손자들이
오나 오나 해서
흰옷 입고 흰 버선 신고

조마조마
고목나무 아래
오두막집에서.

손자들이 오면 주려고
물렁감도 따다 놓으시고
상수리묵도 쑤어 두시고

오나 오나 혹시나 해서
고갯마루에 올라
들길을 보며.

조마조마 혼자서
기다리고 계실 것이다,
시방도 언덕에 서서만 계실 것이다,
흰옷 입은 외할머니는.

# 할머니가 주신 사랑의 힘

초등학생 시절, 부모님은 굉장히 바쁘셨습니다. 아버지는 국회의원이셨거든요. 지역구가 강원도라 일주일에 한 번은 집을 비우셨고, 아버지를 도와야 했던 어머니도 함께 다니셔야 했습니다. 아버지가 나랏일을 하시다 보니 찾아오는 손님이 많아 집이 조용한 날이 없었습니다. 위로 셋 있는 형들은 저마다 나에게 심부름을 시키고 괴롭히기 일쑤였습니다. 게다가 친할머니도 애틋한 정이 없는 분이셔서 나에게 집은 숨이 막히는 공간이었습니다.

하지만 내게는 도피처가 있었습니다. 약수동 집에서 버스를 두 번이나 갈아타야 갈 수 있는 김포공항 근처

"할머니가 조용히 건넨 사랑과 교육이
지금의 나를 키웠습니다."

외할머니 댁이었지요. 외할머니 댁은 세상의 소음과 간섭으로부터 내가 숨어들 수 있는 유일한 곳이었습니다. 외할머니는 외손주 넷 중 유독 나를 아끼셨습니다. 손주라기보다는 친아들처럼 대해 주셨습니다. 외할머니 앞에서는 모든 것이 내 뜻대로였습니다. 외할머니 또한 어떤 간섭도 없이 내가 하고 싶은 대로 하도록 내버려 두셨습니다.

어머니는 노상 "공부해라, 공부해! 그렇게 공부는 내팽개치고 맨날 놀기만 하면 나중에 뭐가 되겠니?", "어디 나 잘되자고 엄마가 잔소리하겠니? 다 너 잘되라고 하는 소리다"라며 똑같은 레퍼토리처럼 늘어놓으셨지만, 외할머니는 단 한 번도 그런 말씀을 하신 적이 없습니다. 밥이 먹기 싫다고 하면 누룽지를 튀겨 주셨고, 송편이 먹고 싶다고 하면 오뉴월에도 방앗간에 가서 쌀가루를 빻아 만들어 주셨지요. 외할머니는 내게 조건 없는 수용과 무조건적인 신뢰를 보여 주셨습니다.

어른이 되어, 또 내가 부모가 되어 돌이켜 보니 부모와 조부모는 다를 수밖에 없다는 생각이 듭니다. 부모는 매 순간 책임을 져야 하는 존재이지요. 사랑으로 보살피면서도 아이의 하루하루를 계획하고, 통제하고, 보상해야 합니다. 그러나 조부모는 아이에게 무조건적으로 사랑만 주어도 괜찮습니다. 순수하고 아름다운 관계, 또 무언가를 기대하지 않아도 되니 서로 간섭하지 않아도 되는 유쾌한 관계를 유지할 수 있습니다. 이 두 차이가 부모와 조부모의 역할과 사랑의 경계를 나누는 것입니다.

나는 그 후에도 외할머니 댁을 나만의 은신처이자 안식처로 삼았습니다. 중학생, 고등학생 때는 물론이고 재수 시절에도 힘이 들 때면 외할머니 댁을 찾았고, 외할머니는 언제나 반겨 주시며 한없는 애정으로 나를 지켜 주셨습니다. 누구의 간섭도 없이, 세상의 거창한 기대에 부응할 필요도 없이 그저 나답게 살아갈 수 있었던 시간. 그렇게 외할머니 댁에서 지내던 시절이 나의 인생에서 가장 행복한 시기가 아니었던가 싶습니다. 그 시간이 가능했던 이유는 단 하나, 언제나 '내 편'이 되어 주셨던 외할머니의 절대적인 사랑 덕분이었습니다.

외할머니가 나에게 늘 사랑만 가르치신 것은 아닙니

다. 인생을 바르게 살아갈 힘도 함께 주셨습니다. 외할머니가 입버릇처럼 하시던 말씀이 지금도 귓가를 맴돕니다. "얘야, 늘 내려다보고 살거라." 자신보다 어려운 사람들을 잊지 말고, 잘난 척 말고, 겸손하게 살아야 한다는 뜻이었지요.

야단 한 번 치지 않으셨던 그분의 이 말씀이 때로는 매서운 회초리보다 천 배, 만 배 아프고 무겁게 느껴집니다. 세월이 흐른 지금에서야 그 말의 깊은 뜻을 조금은 알 것 같습니다. 사람을 자신과 똑같은 사람으로 바라보는 눈, 교만해지려는 마음을 낮추는 지혜입니다. 그렇게 외할머니가 조용히 건넨 사랑과 교육이 지금의 나를 키웠습니다.

외할머니, 고마웠어요. 사랑해요. 지금도!

# 나는 왜 어른이 되고 싶었을까

수많은 꿈 가운데 가장 절실했던 한 가지. 나는 하루라도 빨리 어른이 되고 싶었습니다. 왜 그리도 어른이 되는 것이 기다려졌던 걸까요. 어른이 되면 지금보다 더 많은 것을 보고 완벽하게 자유로울 거라는 환상, 원하는 세상을 마음대로 만끽할 수 있으리라는 환상이 있었던 것 같습니다. 학생이라는 신분에서 오는 깨뜨릴 수 없는 틀과 규칙, 일정한 제약이 있었으니 막연히 허상의 자유를 갈망했던 것이지요. 자유에 따르는 수많은 책임과 결과의 기대치가 있음을 그때는 알지 못했습니다.

자라면서 부모님으로부터 생각이 구속되거나 경험

에 대한 배제나 강요를 크게 받은 적이 없는데도, 어른이 되면 무언가를 스스로 선택하고 시도해 볼 수 있는 더 큰 세상이 있을 거라는 생각이 지배적이었습니다. 나는 학교에서는 바른 학생으로, 모든 규칙을 잘 지키는 착한 아이였고, 공부도 재미있게 해 늘 성적이 상위권에 속했습니다. 그것이 학교를 다니는 학생의 본분이라고 생각했지요. 하지만 그것과는 무관하게 같은 시간에 등교해서 정해진 시간에 하교하는 일정한 규칙을 언젠가는 깨고 싶었습니다. 떠나고 싶을 때 떠나고, 보고 싶은 사람만 만나고 싶었습니다.

현실순응자이자 모범생인 나도 이렇게 늘 일탈을 꿈꾸며 유년 시절을 보냈습니다. 그러니 청소년기의 질풍노도는 그 누구도 예외가 아닌 것이지요. 일탈을 꿈꾸는 개성 넘치는 우리들이 많으니까요. 하지만 어떤 일이든 적정한 경계선이 있어야 건강하게 자유를 누릴 수 있습니다. 그 시절 내 마음속 파도의 폭은 내가 서핑을 탈 정도의 적당한 기복을 유지했습니다. 어느 정도의 잔잔함으로만 요동쳤을 뿐입니다. 중고등학교 시절, 내 마음의 서핑은 그래도 꽤 성공적이었습니다.

친구들과도 사이가 좋았습니다. 대화할 때도 누군가의 생각을 들어주고, 상대의 마음을 먼저 이해하려고 노력했습니다. 관계 속에서 불필요한 잡음이나 작은 갈등도 되도록 만들지 않았습니다. 선생님의 말씀도 늘 잘 따랐지요. 수업에서는 영어 과목을 유독 좋아하는 학생이었고, 칭찬받고 싶은 마음에 늘 수업 전에 교과서를 두세 번은 훑어보는 학생이었습니다.

이름이 특이하다 보니, 선생님이 출석부로 발표자를 찾으실 때면 어김없이 호명되는 학생이었기에 늘 심호흡을 하고 침을 꼴깍 삼키며 기다렸습니다. 발표 뒤에 돌아오는 칭찬이 무척 뿌듯했고, 자신 있는 것을 다른 사람에게 인정받는 것 같아 기뻤습니다.

무언가 자신 있는 것을 했을 때 즉각적으로 긍정적인 호응과 인정을 받는 일은 나를 알아 가는 과정에서 내재된 열정을 샘솟게 하고 자신감을 올리게 하는 에너지가 됩니다. 이는 자신의 존재를 올바르게 인식하고 잠재력을 끌어내는 계기가 된다는 점에서 필수적인 요소입니다. 이뿐만 아니라 삶을 바라보는 관점에서 긍정적인 자세를 가지게 하고, 나와 다른 이를 비교하기보다 자신만의 시선에서 새로운 영역을 확장해 가는 중요한 시발점이 되지요.

만들어진 형식에 자신을 가두거나 강요당하는 것은 누구든 조금은 답답할 일입니다. 그렇지만 통념에 벗어나지 않는 범위에서 자신을 잘 통제하고 주체적으로나 자신을 개성 있고 아름다운 모습으로 드러내는 과정을 통해 진짜 어른이 되어 가는 것은 아닐까요.

나는 감성덩어리입니다. 이론적이고 현실적인 데이터는 나의 뇌 구조에 아예 없는 것 같기도 하지요. 오직 느끼는 대로 살아갑니다. 그러다 보니 현실 감각이 본성적으로 무디지요. 그렇지만 현재에 순응하고 또 새로운 상황에 적응해 가는 여러 학습과 경험을 통해 지극히 관념적이고 일반적인 구조를 나름대로 잘 소화하고 숙지해 온 것 같습니다.

감성이라는 것은 작업을 할 때 창작의 씨앗이 되어 주니 참 고맙습니다. 이성은 사리 분별을 잘할 수 있도록 축을 잡아 주는 든든한 지지대가 되어 주니 다행이지요. 이 두 가지 큰 축을 이리저리 오가며 오늘도 어른이 되어 가고 있습니다.

아버님께서는 늘 "가진 것은 베풀고 다른 이를 먼저 이해하라"고 말씀하셨습니다. 손해를 조금 보더라도 모든 사람과 함께하는 삶이 훨씬 값진 것이며, 내 것을 많이 취하려 노력하기보다는 더 많은 것을 나누는 것이 더 풍요로운 자신을 만드는 길이라고 하셨습니다. 그 말씀은 내 삶의 가장 큰 신념이 되어 때마다 되새김 됩니다.

나는 틀이 없고 자유로운 유연함을 지향합니다. 누구에게도 나에게 맞추라고 강요하지 않습니다. 모자란 내가 누구에게 내가 다 맞는다고 주장할 수 있을까요. 그리고 나와 다른 사람 모두를 위한 감성을 자극하려고 합니다. 여기에 초점을 맞추면 비로소 우리를 위한 이해가 됩니다. 조금 다른 우리를 서로 이해해 보려는 노력입니다.

나는 나의 모양으로 오늘을 살고, 누군가의 모양을 나의 것과 비교하지 않습니다. 내가 좋아하는 것을 즐겁게 하고 싶고, 그 즐거움으로 다른 사람에게 즐거움을 전해 주고 싶습니다. 오늘날, 어느덧 어른이 된 나는 그림을 통해 이 꿈을 실현해 가고 있습니다. 자유롭되 함께하는 어른이 되어 가고 있지요. 나는 오늘도 행복한 어른으로 자라나고 있습니다.

## 꼬작집

외할머니와 내가 남의 집 곁방살이 신세를 벗어나게 된 것은 내가 초등학교 4학년 2학기 무렵입니다. 외할머니는 외할아버지가 남기고 돌아가신 서 마지기인가 너 마지기인가 하는 논에서 나오는 쌀을 아끼고 아껴 모았다가 그 쌀로 집 한 채를 샀습니다. 그러나 그것은 땅까지 산 집이 아니라 집(건물)만 산 것이었습니다.

강 씨 성을 가진 홀아비 늙은이가 혼자서 살다가 세상을 뜬 뒤에 빈집이 된 집인데 마을의 제일 높은 곳에 지어져 있어서 마을 사람들이 '꼬작집'이라 불렀습니다. 꼭대기에 있는 집이란 뜻입니다. 그 집은 방 두 칸에 부엌이 한 칸인 오두막집입니다. 담장이나 울타리도 없고 대문도 없는 집입니다.

집 주변에 상수리나무와 대나무가 우거져 울타리 노릇을 해 주고 있었습니다. 집 뒤는 바로 동산으로 이어져 있고 거기에는 또 커다란 고목나무가 하나 서 있었습니다. 고목나무는 죽은 채로 서 있는 나무를 말합니다. 여러 차례 벼락까지 맞아서 시커멓게 그슬려 있었습니다. 그 아래를 지나다 보면 무서운 생각도 듭니다. 저녁이면 바람에 나무 울타리에서 나는 소리가 요란스럽게 들렸고 가끔은 고목나무 위에 부엉이가 와서 울기도 했습니다.

그렇지만 외할머니와 나는 우리가 사는 집이 새로 생긴 것만 기뻤습니다. 집이 얼마나 헐었고 엉성한지 몰랐습니다. 초가집 지붕인데 방 안에서 천장 사이로 하늘이 보일 정도였으니까요. 친가에서 아버지와 삼촌들 그리고 외할머니의 남동생들이 나서서 여기저기 집을 손보아 주어서 겨우 사람이 들어가 살 만한 집이 되었습니다.

먼저, 곁방살이하던 동네에서 이사를 오면서 섭섭했던 것은 가장물 할머니와 헤어지는 일이었습니다. 가장물 할머니는 외할머니보다 나이가 조금 많은 분으로, 역시 혼자서 사는 여자분이었습니다. 가장물 할머니네 집은 곁방살이 외할머니네 방에서 한길 쪽 문을 열면 바로 보이는 곳에 있는 오막살이였습니다. 마을에서 마땅히 갈 곳도 없었으므로 외할머니는 시간이 날 때마다 가장물 할머니네 집으로 마실을 갔습니다.

　마실 갈 때면 그 짧은 거리라도 외할머니는 나를 등에 업고 가셨습니다. 그런 모습을 보면서 가장물 할머니는 말없이 빙그레 웃어 주셨습니다. 그러고는 당신이 먹던 감자나 고구마나 옥수수 같은 간식을 내주셨습니다. 나는 그것을 얻어먹는 것이 좋아서 가장물 할머니네 집을 좋아하고 가장물 할머니를 좋아했는지 모릅니다.

　새로 이사 간 꼬작집은 자리하고 있는 곳도 마을의 꼭대기라서 특별했지만 집이 서 있는 방향이 서향이라서 특별했습니다. 저녁 무렵이면 서쪽으로 지는 햇빛이 그대로 비쳐 들어와 집 안을 뜨겁게 만들어 불편했습니다. 더욱이나 여름철에는 견디기 어려운 정도였습니다. 그렇지만 외할머니와 나는 그런 것쯤은 충분히 참아 낼 만했습니다. 그래도 우리 집이 생겼으니까요.

나는 그 꼬작집에서 외할머니와 2년 반을 살았습니다. 지금도 가끔 그 꼬작집 꿈을 꿉니다. 꼬작집 꿈에는 또 어김없이 외할머니가 나옵니다. 늘 외손자인 나 한 사람만을 위해서 살고 나 한 사람만을 기다려 주시는 외할머니입니다. 내가 무슨 일을 하고 무슨 말을 하든 나무라지 않고 지긋이 보아주시고 기다려 주시는 외할머니입니다.

나더러 가장 행복하고 편안하게 살았던 때로 돌아가라면 바로 꼬작집에서 외할머니와 살던 초등학생 시절입니다. 외갓집은 지대가 높아서 안방 문을 열고 앉아 있으면 동네가 그대로 내려다보였습니다. 비가 내린 날에는 유리구슬을 통해 세상을 들여다보듯 동네의 집들과 길과 울타리와 나무들과 마을의 공동 우물이 보였습니다. 나는 그렇게 마을을 내려다보는 일이 매우 재미있기도 하고 신기하기도 했습니다.

그리고 또 한 가지 특별한 점이 더 있습니다. 그 꼬작집에서는 천방산이 곧바로 보인다는 것입니다. 천방산은 내 고향 서천군에서 제일 높다는 산입니다. 백제와 중국 당나라가 싸울 때 중국 장수 소정방이 와서 지은 방이 천 개나 되는 절이 그 산에 있어서 이름이 천방산이 되었다고 합니다. 그 천방산을 바라보고 있으면 왠지 모르게 마음이 멀리 가고 무언지 모르게 그리운 마음이 들곤 했습니다.

날마다 지는 해가 천방산 너머로 넘어갔으므로 천방산 너머에는 분명 바다가 있고 넓은 들판이 있고 내가 모르는 그 어떤 새로운 세상이 숨어 있을 것만 같았습니다. 해가 떨어져 이글거리며 타오르는 바다가 있고 사회 시간에 배운 아라비아 사막이나 고비 사막이 있고 또 스위스라는 나라도 그 너머 어디쯤 있을 것 같았지요.

정말로 내가 꼬작집에서 살던 시절은 내가 꿈꾸며 살던 시절이었습니다. 그 무엇도 확실하지 않은 꿈. 지금 여기서는 알 수 없는 꿈. 먼 곳에 있는 꿈. 내가 모르기는 해도 분명히 있을 것만 같은 그 무엇이 꿈입니다. 정말로 어린 시절 내가 그렇게 천방산을 보며 꿈꾸는 아이가 아니었다면 오늘날 나는 어떤 사람이 되었을까요? 절대로 꿈꾸지 않는 사람이 되었고 글 같은 것은 쓰지 않는 사람이 되었을 것입니다.

나는 그 꼬작집에서 살면서 병아리를 길러 보기도 했고 꿩 알을 주워다가 암탉에게 안겨 꿩병아리로 부화시켜 보이기도 했고 개미를 잡아다가 유리 상자에 넣어 길러 보기도 했습니다. 그러면서 내가 자라서 되고 싶었던 사람은 파브르와 같은 곤충학자이기도 했습니다. 그러니까 어렸을 적 나의 꿈은 두 가지였던 셈입니다. 하나는 화가가 되는 꿈, 그리고 곤충학자가 되는 꿈.

# 감꽃

나태주

바람이 많이 부는 날은
감꽃이 많이 떨어졌다.

바람이 잠든 새벽 아침에
아이들은 깨어
뿌연 물안개 속에
바구니 하나씩 들고 감꽃을 주우러
감나무 밑으로 모인다.

감나무 아래
가슴 두근거리며 두근거리며
아이들을 기다리고 있는 하얀 감꽃들.

바구니 하나 가득 감꽃을 주워들고
돌아오는 뿌듯한 이 기쁨!

이 감꽃으로 무엇을 할까?

입안에 집어넣고 자근자근 씹으면
떨떠름하고 달착지근한 감꽃 내음.
실에 꿰어 목에 걸면
화안한 꽃다발.

야, 내가 왕자님 같잖아!
갑자기 가슴이 밝아오는
아아 웃는 얼굴.

바람이 많이 부는 날
바람 소리 속에 아이들은
일찍 일찍 잠들곤 했다.
새벽에 일어나
감꽃을 주우러 가야 하기 때문이다.

# 진달래와 철쭉

나는 1945년 해방둥이로 태어난 사람입니다. 일본의 식민지로부터 나라의 광복을 찾기는 했지만 여러 가지로 사람이 살기가 힘든 시기였습니다. 사람은 먹고 입고 집을 짓고 사는 것이 우선 중요한데 그 세 가지부터가 부족했습니다. 한두 사람만 그런 것이 아니라 모든 사람이 그랬습니다.

이런 것을 어려운 말로는 '절대 빈곤'이라고 말합니다. 너나없이 모든 사람이 가난하고 살기 힘들다는 말입니다. 정말로 태어나 보니 그렇게 살기 어려운 세상이었습니다. 이러한 형편은 요즘에 태어난 사람들은 짐작조차 못 할 것입니다. 태어나 보니 살기 좋은 세상에 온 사람들이 요즘 세상 사람들이니까요.

  게다가 해방이 된 지 5년 뒤인 1950년도에 6·25 전쟁이 일어나 우리나라 전체가 그만 잿더미로 변하고 말았습니다. 엎친 데 덮친다는 말이 있는데 바로 이런 경우입니다. 그러니 무엇 하나 넉넉하고 좋은 일이 없었습니다. 학교에서 배우는 학생들의 교과서조차 우리나라 실력으로 만들어 낼 수 없었던 시절입니다.

  유엔의 운크라(UNKRA: 1950년 12월 국제 연합 총회의 결의로 한국의 경제 부흥과 재건을 돕기 위해 창설된 원조 기구)의 도움으로 학생들의 교과서를 만들어야 할 정도였습니다. 그러니 책이나 학용품이 넉넉할 수가 없었지요. 아버지 어머니가 사는 우리 집만 해도 내가 배우는 교과서 이외에는 다른 책이 한 권도 없었습니다.

  다만 외갓집에는 그래도 책이 몇 권 있었지요. 외할머니가 읽으시는 이야기책입니다. 시장 난전에서 파는 울긋불긋한 표지의 책으로, 그런 책들을 육전 소설이라 불렀습니다. 외할머니가 보시던 책으로 《추월색》, 《숙영낭자전》, 《장화홍련전》, 《박씨전》, 《무궁화전》, 《눈물전》과 같은 책의 이름이 생각납니다.

외할머니는 밤마다 초저녁이 되면 호롱 빛 밑에서 소리를 내어 책을 읽어 주시곤 했습니다. 외할머니는 신식 학교에 다니지 않은 분으로, 한글을 글로 쓰지는 못하지만 읽을 줄은 아는 분이었습니다. 외할머니가 목소리를 가다듬어 책을 읽을 때마다 나는 외할머니 곁에 얌전히 앉아서 외할머니가 들려주는 이야기 안으로 들어가곤 했습니다. 아마도 내가 평생 책을 읽고 책과 가까운 사람이 된 것은 모두가 외할머니 덕분이 아닌가 싶습니다.

내가 처음 동화책을 읽은 것은 4학년 때의 일입니다. 서울에서 우리 학교로 전학 온 강명구란 남자아이가 있었는데 그 아이는 시골에 사는 우리와는 다르게 아주 많은 책을 가지고 있었습니다. 동화책도 있었고 만화책도 있었습니다. '새벗'이라는 이름의 어린이 잡지가 있다는 것도 그 아이가 가진 것을 처음 보아서 알았습니다.

그 아이에게서 빌려 본 책 가운데 가장 기억에 남는 책은 《진달래와 철쭉》이라는 동화책입니다. 이 책은 강소천 선생이 쓰신 장편 동화인데 '진달래'란 이름과

'철쭉'이란 이름을 가진 두 소년이 누군가의 도움으로 어려움을 극복하고 행복한 사람이 되는 줄거리를 담고 있었습니다. 얼마나 재미있었던지 나는 그 책을 두 번이나 읽었습니다. 처음 책을 빌리면서 돌려주기로 한 날짜를 어기면서까지 그렇게 읽었던 것입니다.

그러나 그 책은 매우 낡은 책이라 앞장과 뒷장 표지가 떨어져 나가서 제목도 제대로 알 수 없는 책이었습니다. 하지만 속표지가 겨우 남아 있어서 거기서 지은이와 책 이름을 간신히 알았던 것이지요. 어른이 된 뒤 다른 책보다도 서둘러 산 책이 그 책이고 지금도 책장에 간직하고 있는 책이 그 책입니다.

비록 내가 초등학교나 중학교 때는 글을 쓰는 아이가 아니었고 장래의 꿈이 글 쓰는 사람이 아니기는 했지만 그래도 내가 오늘날 글 쓰는 사람이 된 것도 생각해 보면 강소천 선생이 쓰신 이 한 권의 책 《진달래와 철쭉》을 열심히 읽은 영향이 아닌가 싶습니다. 그렇게 어린 시절에 읽은 한 권의 책은 그 사람에게 일생 동안 강한 영향을 줍니다.

이렇게 책 읽기에 재미를 붙인 나는 내친걸음 만화

책 읽기에 빠진 일도 있었습니다. 그렇습니다. 동화책보다 더 재미있는 책이 바로 만화책입니다. 만화책 또한 강명구란 아이가 가지고 있었을 것입니다. 특히 만화가 박기당 선생이 그린 만화가 재미있었습니다. 지금도 기억나는 만화는 《만리종》이라는 제목의 만화책입니다.

만화책은 그 어떤 책보다 재미있는 책이지요. 그래서 예전이나 오늘날이나 아이들이 좋아하는 책입니다. 더구나 읽을거리가 많지 않던 나의 어린 시절에는 만화책이 더욱 귀하게 읽혔습니다. 한번 만화 읽기에 재미를 붙인 나는 만화에서 눈을 뗄 수가 없었습니다. 학교에 다녀오면 학교 공부보다는 만화책 읽기로 시간을 보냈습니다.

집에서 만화책을 읽으면 외할머니가 걱정을 하시니까 만화책을 들고 슬그머니 집에서 나와 나의 집 담장 밑에 쭈그리고 앉아서 해가 저물고 날이 어두워질 때까지 읽었습니다. 몇 번이고 외할머니가 만화책 그만 읽고 학교 공부를 하라고 했지만 나는 말을 듣지 않았습니다. 그러던 어느 날입니다. 저녁밥을 먹고 나서 외할머니가 나를 불러 앉혔습니다.

"너, 왜 학교 공부는 하지 않고 읽지 말라는 만화책만 읽고 그러느냐? 그러다가 중학교 입학시험에라도 떨어지면 느이 아버지가 나더러 뭐라고 하겠느냐? 네가 그렇게 만화책을 읽기만 하면 내가 네 앞에서 죽어 버리겠다." 외할머니의 얼굴은 진지하고 심각했습니다. 무섭기까지 했습니다. 나는 잠시 생각에 잠겼습니다. 아무리 만화책이 재미있다고 해도 외할머니가 나 때문에 죽는 것은 얼마나 나쁜 일인가!

나는 울면서 외할머니에게 말씀을 드렸습니다. "알았어요, 할머니. 이제는 만화책 읽지 않고 학교 공부 열심히 할게요. 제발 죽지 마세요." 그런 뒤로 나는 정말로 공부하는 아이가 되었습니다. 저녁에 잘 때도 책을 읽다가 자고 잠에서 깨어나자마자 책을 붙잡고 읽는 아이가 되었습니다. 지금도 나는 아무리 힘든 날에도 침대에서 책을 읽다가 잠이 듭니다. 그것이 초등학교 5학년부터의 습관입니다. '공부하는 사람이 되겠습니다'는 외할머니와 한 약속을 지키려고 그러는 것입니다.

"Do what you can, with what you have."

"당신이 가진 것으로, 당신이 할 수 있는 일을 하라."
• 시어도어 루스벨트

# 골방 공부

중학교 때도 나의 학과 성적은 그다지 좋은 것이 아니었습니다. 역시 핑계이기는 하지만 통학 거리가 멀어서 학교 다니는 동안 길에 버리는 시간이 많았고 2학년 2학기 때는 눈을 다쳐 학교에 여러 날 다니지 못했고 또 같은 반 아이들보다 한 살이 어려서 생각하는 것이나 행동하는 것이 부족했습니다.

3학년 2학기가 되었을 때 나는 조그만 고민에 빠졌습니다. 학교에서는 이미 선생님들이 교과서 공부는 마치고 고등학교 입시 공부를 시키고 있었습니다. 그런데 그 입시 공부라는 게 문제였습니다. 줄곧 시험 문제지를 푸는 것만 계속하고 있었던 것입니다. 대개는 선생님이 안 계시고 아이들만 교실 책상에 앉아서 선생님이 지정해 주는 시험 문제지만 풀었습니다. 그러다가 가끔 선생님이 들어와서 시험지 해답을 불러 주시며 채점하라고 하셨습니다.

어린아이 생각으로도 나는 그런 식의 공부가 마음에 들지 않았습니다. 이렇게 시험 문제나 풀려고 20리 걸어서 학교에 오고 또 걸어서 집으로 걸어가야 한단 말인가! 나는 집에서 학교까지 오고 가는 2시간도 넘는 시간이 아깝다는 생각이 들었습니다. 아예 학교에 다니지 않고 집에서만 공부하면 어떨까? 학교를 오가는 그 시간을 집에서 공부하면 더 이로운 게 아닐까?

나는 아버지께 이런 생각을 말씀드렸습니다. "그러냐? 그런데 어디서 공부를 한단 말이냐?" 우리 집은 방이 세 개나 있었지만 식구가 많아 내가 따로 공부방으로 쓸 만한 방이 없었던 것입니다. "윗방의 골방이 있잖아요. 거기에 들어가 공부할래요." "그래, 방이 좁고 어두운데 그럴 수 있겠냐?" "네, 석유 호롱불 켜 놓고 공부하면 돼요." "네 생각이 그렇다면 한번 그렇게 해 봐라."

나는 우선 할머니가 쓰시는 윗방 옆의 골방에 있는 여러 가지 지저분한 물건들을 한곳으로 모으고 책상과 방석 하나를 들여놓을 만한 공간을 마련했습니다. 그러고는 철사를 구해다가 골방의 천장 서까래에 못 하나를 박고 거기에 호롱불을 비틀어 맸습니다. 혹시 공부하다가 꾸벅꾸벅 고개를 숙이며 졸다가 호롱불을 엎어서 불을 내지 않을까 싶어 허공에 호롱불을 띄운 것입니다.

그런 뒤로 요강 하나를 가지고 골방으로 들어가는 것도 잊지 않았습니다. 공부하다가 오줌이 마려우면 오줌을 누려고 그런 것입니다. 어쨌든 이제는 시간 싸움이라는 생각이 들었습니다. 다른 모든 또래의 아이들도 하루 24시간을 살고 나도 24시간을 사는데 그 24시간을 어떻게 공부로 써먹느냐가 중요하다는 생각이었습니다. 그때 내 나이 열네 살. 어떻게 그런 생각을 다 했을까, 오늘에 와서 생각해도 그것은 참 특별했다는 생각입니다.

어쩌면 다급해서 그랬겠지요. 아버지는 나더러 사범학교에 들어가라고 하셨습니다. 사범학교는 지금은 없어진 학교지만 고등학교만 졸업하고 바로 초등학교 선생님이 되는 학교입니다. 일종의 직업 학교였지요. 실은 아버지가 어려서 소원이 초등학교 선생님 되는 것이었다고 합니다. 그런데 집안이 가난하고 나이를 많이 먹은 다음 학교에 들어가는 바람에 사범학교에 들어가지 못하고 초등학교 선생님이 되지 못했다는 것입니다. 그래서 맏이인 나에게 당신의 소원을 맡기게 된 것이지요.

나는 달력 뒷장의 빈 종이에 입학시험을 보는 날까지 날짜를 차례로 적고 그 날짜들을 교과목 수의 중요도에 따라 계산해서 나누었습니다. 국어 8일, 영어 10일, 수학 10일, 일반 사회 5일, 지리 4일, 이런 식으로 말입니다. 일단 교과서 중심으로 공부를 했습니다. '간추린 물상', '간추린 생물'과 같이 '간추린'이란 말이 앞에 붙은 참고서가 있기는 했지만 나에게는 그런 참고서가 골고루 있었던 것이 아니라서 교과서 중심으로 공부할 수밖에 없었습니다.

과목별로 3학년 1학기 교과서와 2학기 교과서를 차례대로 읽고 외우고 문제를 풀어 보고 그랬습니다. 어쩌면 그것이 그때 내가 할 수 있었던 최선의 방법이었습니다. 아버지도 곁에서 보시고 말없이 응원해 주시는 것 같았습니다. 그런데 문제가 하나 있었습니다. 그것은 사범학교 입학 원서를 구하는 것이었습니다. 그래서 하루 날짜를 정해 학교에 가서 같은 반 친구인 박성홍이란 아이에게 부탁을 했습니다.

어떻게 해서 내가 박성홍이란 아이와 친해졌는지는 잘 기억이 안 납니다. 나는 서천읍에서 동쪽에 있는 고장에서 살아 동부 통학생이었고 그는 서쪽 고장에서 살아 서부 통학생이었는데 말입니다. 그렇지만 박성홍이란 아이는 나처럼 키가 작고 유순한 아이였고 나이도 나처럼 동급생들보다 한 살 아래인 아이였습니다. 아마도 그런 점에서 친한 사이가 되었던 것 같습니다. 그리고 그 아이는 나보다 훨씬 집안이 좋은 아이였습니다. 아버지가 서천 군청 직원이었고 작은아버지가 또 초등학교 선생님이었던 것입니다.

제법 위험한 일이긴 했지만 나는 공주사범학교로 학교를 정하고 입학 원서를 살 만큼 돈을 박성홍이에게 맡기고 다음 날부터는 더욱 열심히 골방에 들어가 공부했습니다. 정말로 열네 살 먹은 아이의 결심치고는 대단한 것이었습니다. 어디서 그런 결연한 생각이 나오고 실천이 나왔는지 모릅니다. 어쩌면 막다른 골목에서 어쩔 수 없어서 선택한 마지막 방법이 아니었나 싶습니다. 내 일생에 그 시기는 가장 열심히 공부한 시간이었습니다.

그래서 어찌 되었을까요? 나는 공주사범학교 입학시험에 합격하는 아이가 되었습니다. 주변 사람들이 다 놀랐습니다. 가족들도 놀라고 동급생들도 놀라고 특히 3학년 담임 선생님이 놀랐습니다. 애당초 내가 공주사범학교 입학 원서를 써 달라고 했을 때 안 써 주신다고 했거든요. 내가 고집을 부리니까 집에 가서 아버지를 모시고 오면 아버지 이야기를 들어 보고 써 주마 그래서 결국은 아버지를 모시고 가 입학시험에 떨어져도 괜찮으니 써 주시기만 해 달라 해서 입학 원서를 썼던 것입니다.

사실 나는 초등학교 선생님이 되고 싶지 않았습니다. 중학교 다니면서는 내가 되고 싶은 것이 특별히 없었습니다. 다만 인문계 고등학교에 들어가 우선 대학교에 들어가 보는 것이 꿈이었는데 그것이 그만 무너져 버리고 만 것입니다. 그렇게 해서 나는 공주사범학교를 졸업하고 초등학교 교사가 되어 43년 동안 시골 학교만 찾아다니며 아이들을 가르치며 살았습니다. 처음에는 아버지의 뜻에 따라 억지로 사는 삶이기는 했지만 나중에는 나의 마음에도 드는 삶이 되었습니다. 두루 감사한 일입니다.

# 너, 이러다 뭐가 될래?

어렸을 때 어머니에게 정말이지 자주 들었던 말, 그러면서도 가장 듣기 싫었던 말이 하나 있습니다.

"너, 이러다 나중에 뭐 해서 먹고살래?"

신발도 벗지 않은 채 책가방은 현관에 내던지고는 동네 아이들과 할 구슬치기에 정신이 없던 때였지요. 그런 내게 어머니가 회초리를 들고 날카롭게 던진 그 말은 마치 온몸에 소름이 돋는 듯한 공포로 다가왔습니다. 심지어는 이렇게도 말했습니다.

"너 그렇게 공부 안 하면 옆집 술주정뱅이 김 씨처럼 된다. 너도 그리되고 싶니?"

하지만 어머니의 협박에 짓눌리는 것은 잠깐이었고,

"자신만의 길은 때로는 이렇게 우연처럼
혹은 운명처럼 다가옵니다."

그때의 내게는 구슬치기가 더 중요했습니다. 적진에 침투하는 제임스 본드처럼, 어머니 몰래 이불 속에 숨어 소리 나지 않게 구슬을 굴리는 연습을 했습니다. 세계 구슬치기 대회가 있었다면 분명 금메달을 땄을 겁니다. 그러니 당연하게도 동네 아이들 구슬이 죄다 나의 손에 들어오게 되었지요. 커다란 박스에 구슬이 가득 찼을 즈음, 그만 소중한 보물을 들키고 말았습니다. 피와 땀으로 모은 구슬들은 그렇게 똥간 속으로 사라졌습니다. 아직 재래식 화장실을 쓰던 시절입니다. 보물을 잃어 망연자실한 내게 텅 비어 있는 박스를 든 어머니는 빽 소리를 치셨지요.

"너! 이러다 나중에 뭐가 될래?"

나도 궁금합니다. 정말로 그렇게 구슬만 가지고 놀았다면 나는 지금쯤 뭐가 되어 있을까요. 세상은 바뀌지 않아 구슬치기 대회 같은 건 생기지 않았으니 프로 선수가 되지는 못했을 듯하고, 혹시 유리구슬 수집가로 명성을 떨치고 있었으려나요.

보물을 잃고 좌절해 있던 내게 날카로운 첫 키스의 추억처럼 운명의 지침을 바꾸는 사건이 일어났습니다.

고등학교 시절, 서울시에서 주최한 글짓기 대회가 어린이대공원에서 열렸습니다. 글을 쓰고 싶어서라기보다는 수업은 듣기 싫고 당시 공원에서 가장 인기가 높던 청룡열차나 한번 타 보고 싶은 마음에 무턱대고 손을 들었던 겁니다.

주제는 '어머니의 사랑'이었습니다. 하지만 맨날 어머니에게 야단맞던 기억만 있는 나로서는 눈물 쏙 빠질 그런 사랑을 글로 써낼 수가 없었지요. 그래서 어릴 적 하루 동안 감행했던 가출 사건을 떠올렸습니다. 당시 나는 '맨날 야단만 치는 엄마는 내 엄마가 아닐 거야' 하고 굳게 믿고 있었습니다. 짓궂은 동네 아저씨도 늘 내게 말했지요. "넌 다리 밑에서 주워 왔어. 내가 봤지. 불쌍해서 네 엄마가 걷어 준 거야. 거울을 봐. 넌 형들이랑 생긴 것도 다르잖아."

그 말을 듣자 확신이 섰습니다. '맞아! 이제라도 친엄마를 찾아야 해. 더는 이렇게 콩쥐처럼 구박을 받으면서 살 수는 없어.' 제임스 본드를 꿈꾸던 아이답게 나는 추리력도 뛰어났습니다. '삼촌이 다리 밑이라고 했지? 서울에서 가장 유명한 청계천! 그래, 거기가 내 고향인

게 틀림없어.'

 지금은 그 이름처럼 맑은 물이 흐르지만 당시에 청계천은 시궁창이나 다름없었습니다. 나는 '친자식도 아닌데 그동안 길러 주셔서 감사합니다'라는 짧은 쪽지를 남기고, 먹을 것과 마실 것을 한가득 싸 든 채 탈출을 감행했습니다. 그때는 정말 진지했습니다. 무엇보다 나의 구슬을, 아니 나의 보물을 몽땅 버렸던 엄마는 도저히 친엄마일 수 없다는 확신이 있었으니까요.

 당시 청계천 다리 밑에는 가난한 사람이 많이 살고 있었습니다. 빈 깡통을 들고 구걸을 하던 거지도 많았습니다. 세상 물정 모르고 두리번거리던 어린 나는 먹거리를 든 사냥감이었습니다. 옷, 양말, 신발은 물론이고 심지어 팬티까지 빼앗길 뻔했습니다. 간신히 도망쳐 나와 다시 집으로 돌아오는 데 하루하고도 반나절이 걸렸습니다.

 그동안 집은 난리가 났습니다. 파출소에 신고가 들어가고, 어머니와 할머니는 물론이고 '넌 다리 밑에서 주워 왔다'라고 거짓말을 했던 동네 아저씨까지 "성구야! 어디 있니?" 하고 목이 쉬도록 나를 찾아다녔다고 합니다.

 팬티 한 장 입고 맨발로 집에 들어선 나를 본 어머니는 그 자리에서 얼어붙었습니다. 놀람과 기쁨! 어머니의 표정은 수십 년이 지난 지금도 기억에 생생합니다. 돌아온 탕아! 어머니는 나를 으스러지게 껴안았습니다. 눈에는 눈물이 글썽글썽했지요. '그래, 이런 분이라면 친엄마가 아니어도 괜찮아. 그러게 진작 나한테 잘하시지.' 그 순간, 나도 살짝 울었던 것 같습니다.

 하지만 감동은 잠시, "왜 이렇게 엄마 속을 썩이니? 내가 너 때문에 못 산다, 못 살아! 도대체 어디 갔다 왔어?" 하며 어머니의 지청구와 추궁이 쏟아졌습니다. 그렇다고 해서 "친엄마 찾으러요"라고 말할 수는 없었습니다. 어머니 손에는 시퍼런 회초리가 들려 있었거든요. 그 사건 이후 어머니의 잔소리는 눈에 띄게 줄었습니다. 그리고 '다리 밑' 운운했던 동네 아저씨도 어머니에게 붙잡혀 호되게 혼이 나셨지요.

 그날의 일을 글짓기 대회에서 덤덤하게 풀어 썼습니다. 그런데 놀랍게도 그 글이 장원이 되었던 겁니다. 서울시장이 주는 일등 상. 그냥 수업 듣기 싫어 나간 대회에서 일등이라니……. 스스로도 깜짝 놀랐습니다. 월요일 전교생이 모인 조회 시간, 교장 선생님께서 나의 이름을 부르고 상장을 주시던 순간 깨달았습니다. '아, 내게도 글 쓰는 재주가 있구나.'

그 후 나는 신문 기자가 되었고 지금까지 글을 쓰고 책을 만들며 살아가고 있으니 나의 길을 제대로 찾아온 셈입니다. 자신만의 길은 때로는 이렇게 우연처럼 혹은 운명처럼 다가옵니다. 내게는 전교생이 보는 앞에서 나를 칭찬하셨던 교장 선생님의 말씀 한마디가 그 길의 시작이었습니다.

누군가의 말이 한 사람의 삶과 미래를 바꿔 놓기도 합니다. 내가 끊임없이 글을 쓰고, 책을 만드는 것은 누군가에게 줄 그 한마디를 준비하기 위한 것입니다.

# 헌책방

공주사범학교 입학시험은 매우 어려웠고 까다로웠습니다. 1차 학과 시험, 2차 실기시험, 3차 면접시험. 그렇게 세 차례의 시험 과정을 거쳐 최종 합격자가 발표되었습니다. 남자 50명 한 반 모집에 600명 수험생들이 모였으니 경쟁의 열기는 치열했습니다. 10대 1보다 높은 경쟁률이었습니다. 게다가 시골 학교에서 공부깨나 한다는 아이들만 모여서 보는 시험이었습니다. 정말로 내가 그런 어려운 시험에 합격한 것은 행운 가운데 행운과 같은 일이었습니다.

제일로 기뻐한 어른은 아버지였습니다. 물론 어머니도 기뻐하고 외할머니도 기뻐하셨지요. 그런데 문제가 생겼습니다. 겨우 입학금을 대기는 했으나 나의 하숙비를 아버지가 감당할 수 없다는 사실이었습니다. 생각 끝에 아버지는 한 꾀를 생각해 냈습니다. 그것은 공주에 방 하나를 얻고 외할머니가 따라가서 밥을 해 주시면서 다른 아이들 하숙을 치는 것이었습니다.

공주에는 내가 다니던 공주사범학교만 아니라 공주고등학교와 공주사대 부설고등학교 같은 명문 고등학교가 있어서 서천에서 공주로 유학하러 가는 학생들이 여럿 있었던 것입니다. 아버지는 우선 공주시 봉황동에 방 한 칸을 얻고 외갓집 동네에서 공주로 공부하러 간 학생들을 대상으로 하숙생을 모았습니다. 하숙생은 금방 모였습니다. 그것도 네 명이나 모였습니다.

방 하나에 네 명의 아이들이 책상을 하나씩 놓았으니 방이 가득 찼습니다. 내 책상을 들여놓을 공간이 없었고 외할머니와 내가 들어가 자거나 생활할 수 있는 공간이 전혀 없었습니다. 하는 수 없이 외할머니는 주인집 마루방이나 부엌에서 잠을 자고 나는 하숙방에 딸린 골방에 책상을 놓고 지내야 했습니다. 오늘에 와 매우 무리한 일이었지만 그 당시로서는 선택의 여지가 없었습니다.

나는 그러한 나의 처지가 매우 불만스러웠고 싫었습니다. 우리 집에 하숙생으로 들어온 또래나 후배 아이들 보기에도 창피했고요. 고등학교 입학시험 공부도 막동리 집 골방에서 숨어서 했는데 공주에 와서까지 골방에서 숨어서 사는 신세라니 자신의 입장이 참 한심스러웠습니다. 그때 바로 나의 열등의식이 크게 생겨난 것입니다.

도대체 나는 뭐 하는 사람인가? 앞으로 나는 무엇을 하는 사람으로 살아야 하나? 어떤 삶이 정말로 나에게 가치 있는 삶인가? 그 삶을 위해 나는 지금 무슨 일을 해야 하는가? 같은 반 학생들은 사범학교 배지를 단 모자를 쓰고 교복을 입고 자랑스럽고도 의젓하게 공부에 열중하는데 나만 비굴한 느낌에 휩싸여 허우적거려야만 했습니다. 나에게도 끝내 도망칠 안전하고도 편안한 피난처가 필요했습니다. 학교에서 공부가 끝나고 하숙방으로 돌아가는 것이 두렵고도 싫었습니다.

나는 일단 가방을 하숙방에다 던져 놓고 밖으로 나왔습니다. 마땅히 갈 만한 곳은 없었지요. 그런데 다행스럽게도 공주에는 헌책방이 아주 많았습니다. 거리마다 하나씩 있을 정도였으니까요. 나의 발길은 날마다 헌책방으로 향했습니다. 기웃기웃 헌책방 서가에 진열된 책들의 제목을 읽으면서 시간을 보냈고 더러는 마음에 드는 책을 꺼내어 읽기도 하고 그 내용을 종이에 베끼기도 했습니다.

그렇습니다. 헌책방에 들러 헌책을 뒤적거리는 일이 나에게는 학교에 다니며 하는 학교 공부보다 재미있고 의미 있는 일이 되었습니다. 끝내는 헌책방이 나의 학교 대신이었고 헌책이 나의 교과서 대신이었습니다. 아예 학교 공부를 손에서 놓아 버렸으니 학교 성적이 바닥을 칠 수밖에요. 그런 과정에서 만난 것이 시집이었고 시였습니다.

나는 이미 중학교 2학년 겨울에 서천 읍내 적산가옥(일본 집) 추운 방에서 허근이란 동급생 친구로부터 박목월 선생의 〈산이 날 에워싸고〉란 시를 소개받고 크게 감동한 바 있었습니다. 아직은 그렇게 시에 빠질 입장이 아니었지만 나의 생활 환경이 학교 공부보다는 시에게로 기울도록 내몰았지요. 그렇게 만난 시집이 신석정 선생의 두 권의 시집 《촛불》과 《슬픈 목가》였습니다.

 시를 읽으면 마음이 편안해졌습니다. 억울한 마음도 조금씩 달래지고 어둡고 우울한 마음도 조금씩 밝고 좋은 쪽으로 변했습니다. 시야말로 나를 살리는 가장 좋은 약이고 나를 가장 가까이 위로해 주는 친구라고 생각했습니다. 또 그렇게 만난 시인이 한용운이었고 김소월이었고 이육사였고 윤동주였습니다. 나중에는 서정주나 유치환, 조지훈, 박두진, 장만영, 한하운, 조병화, 이형기, 박재삼 같은 굵직한 시인들의 시를 만났습니다.

 공주에서 지내는 3년 동안 나의 헌책방 순례는 계속되었고 나의 시를 향하는 마음은 점점 커져서 드디어 '나는 시인이 되리라', 아니 '꼭 시인이 되고 말리라' 하는 엉뚱한 꿈을 꾸게 된 것입니다. 그것은 열다섯 살 나이. 이제 나의 장래의 꿈은 초등학교 교사가 아니라 시인으로 바뀌었습니다. 아버지가 그렇게도 원했던 초등학교 교사에서 정말로 엉뚱하게도 시인으로 바뀌고 만 것입니다.

## 겨울밤

나태주

아가아, 자니이?
아니요.
여우 우는 소리 좀 들어봐.
아까부터 듣고 있는 걸요……

나도 여우 우는 소리에 잠이 깨었는데
메마른 울타리가 잠 못 들고
부석대는 밤,
잠 깨인 할머니가 무서우신가
자꾸만 말을 시키신다.

아가아.
으으응……
옛날얘기 하나 해 줄까?
……
따뜻한 장판방 아랫목
이불 속으로 기어들면서 기어들면서……

뒷동산 고목나무에 부엉이가 우는 밤,
부엉이 따라 여우도 따라와 우는 밤,
겨울밤은 길고 길었다.

# 꿈꾸는 나무

나는 이제 학교에서도 문제아가 되었습니다. 하라는 학교 공부는 안 하고 수업 시간에도 멍하니 허공만 보면서 엉뚱한 생각에 빠진 아이였으니까요. 겉으로는 조용하고 문제가 없는 것 같지만 안으로는 거칠게 요동치고 복잡한 문제를 끌어안고 있는 아이가 나였으니까요. 드디어 2학년 때 담임 선생님이 아무래도 이 아이 안 되겠으니 고향 집으로 데리고 가서 며칠 동안 쉬고 오도록 하라고 아버지를 불러 부탁하기까지 했습니다.

내가 고등학교에 다니던 때는 시절도 좋지 않았습니다. 1학년 때 4·19 학생 혁명이 일어났고 2학년 때 5·16

군사 정변이 있었습니다. 자연히 학교 분위기까지 사회 현상에 휩쓸리기는 했지만 그래도 우리 학교는 그런대로 특수 학교라 그런 사회적 변화에 크게 흔들리지 않아서 다행스러웠습니다. 시인이 되리라, 스스로 결심한 것은 1학년 때지만 시 비슷한 글이 제대로 써진 것은 겨우 3학년이 되어서였습니다.

그냥 오래 허우적거리면서 이것저것 읽고 베끼고 흉내 내기로 써 보고 그런 세월이 길었습니다. 비록 학교 공부는 내팽개치다시피 했지만 나는 학교에 열심히 출석하기는 했습니다. 우리 학교는 남녀 공학으로 우리 학년은 남학생이 50명 한 반, 여학생이 100명으로 한 반이었습니다. 그런 여학생 가운데 내가 좋아하는 여학생이 있었습니다.

1학년에 들어오기 전 입학시험 합격자 발표가 있던 날, 합격자 발표를 보고 고향 서천으로 돌아가는 길이었습니다. 같은 차를 타고 간 두 여학생이 있었는데 그중 한 여학생을 내가 그만 좋아하게 된 것입니다. 열다섯 어린아이가 무엇을 알고 좋아했겠습니까? 그냥 좁은 택시 옆자리에 나란히 앉아서 몇 시간 동안 털털거리며 자갈길을 달려갔다는 것 하나만으로 그 여학생은 나에게 의미 있는 여학생이 되고 만 것이었지요. 내 마음속에 들어와 내 마음의 주인이 되어 버린 것이지요.

  나는 날마다 학교에 가기만 하면 그 여학생의 얼굴을 찾았습니다. 처음에는 이름도 몰랐는데 이름을 알게 되고 나중에는 그 여학생의 집 주소까지 알아내어 여름방학 때 여학생의 고향 집으로 편지를 보내기도 했습니다. 그러나 답장은 그 여학생에게가 아니라 그 여학생의 아버지에게서 왔습니다. 마침, 여름날 저녁 무렵 염소에게 풀을 뜯기기 위해 고향 집 들판, 둑길 위에 있었는데 지나가는 우체부가 나에게 편지를 전해 주었던 것입니다.

  굵은 만년필 글씨로 쓰여 있었습니다. 나는 떨리는 손으로 편지를 열어 읽었습니다. '나수웅 군에게. 보내 준 편지 잘 읽었네. 학생이 공부하는 일에 열중해야지 이런 편지나 보내고 그래서 쓰겠는가? 서천 읍내에 한번 나오게. 내가 만나 주겠네.' 대략 이런 내용의 편지였습니다. 나는 더욱 부들부들 떨리는 손으로 그 편지를 찢어 수풀 속에 버리고 말았습니다. 만약 아버지에게 들키면 크게 혼날 일이기도 했기 때문입니다.

  이제는 편지 쓰는 길도 막혀 버렸습니다. 어떻게 하든지 좋아하는 마음을 전하고 싶었는데 그 길이 막혀 버린 것입니다. 마음속에서는 더욱 거센 마음의 소용돌이가 일었습니다. 이걸 어떻게 하면 좋단 말인가! 어떻게 하든지 나는 살고 싶었습니다. 편안한 마음이 되고 싶었습니다. 그 길은 오직 하나. 시로 내 마음을 표현하는 일이었습니다. 점점 나는 다른 아이들과 어울리며 이야기하는 것이 서툰 아이가 되어 가고 있었습니다. 이제 내가 시인이 된다는 것은 어길 수 없는 나의 꿈이 되고 말았습니다.

  그런데 헌책방을 돌면서 아무리 찾아도 찾을 수 없는 시집이 한 권 있었습니다. 그것은 박목월 선생의 시가 실려 있다는 《청록집》. 나는 같은 집 하숙생인 공주 사범대학교 대학생 형에게 그 책을 빌려 달라고 부탁했습니다. 대학교 도서관에 있는 책이라고 했습니다. 빌려 읽은 책은 앞뒤 표지가 모조리 떨어져 나간 낡은 것이었습니다. 나는 그 책을 찬찬히 읽고 나서 노트 하나에 정성껏 베꼈습니다. 오늘날로 보아서는 시집 필사인 셈인데 학교 공부는 그렇게 나 몰라라 내팽개쳤으면서도 시집 한 권을 통째로 베낀 것을 보면 시가 좋기는 무척이나 좋았던가 봅니다.

나는 내가 좋아하는 여학생의 이름을 내 마음대로 따로 지어서 불렀습니다. 그 누구도 알지 못하는 이름입니다. 오직 나만 아는 이름입니다. '란이.' 실은 이 이름은 내가 제멋대로 지어낸 이름이 아닙니다. 신석정 선생의 시 〈작은 짐승〉에 나오는 여자의 이름에서 따온 이름입니다. '란이와 나는 / 산에서 바다를 바라다보는 것이 좋았다'로 시작해 '란이와 나는 / 역시 느티나무 아래에 말없이 앉아서 / 바다를 바라다보는 순하디순한 작은 짐승이었다' 로 끝나는 시이지요.

그 뒤로 내가 시 공부를 하면서 열심히 읽은 책으로는 박목월 선생의 시 해설집 《보랏빛 소묘》라는 책이 있었고, 《한국 전후 문제 시집》이라는 두꺼운 시집이 있었습니다. 박목월 선생의 책은 시가 무엇인지를 알려 주면서 시 쓰기의 기본을 알려 주는 책이었고 《한국 전후 문제 시집》은 그 당시로서는 젊은 시인들의 시를 아주 많이 담고 있는 책이어서 시 쓰기의 방향을 알려 주는 책이었습니다. 어쨌든 이러한 책들은 앞에서 말한 신석정 선생의 두 권의 시집(《촛불》,《슬픈 목가》)과 《청록집》과 함께 내 어린 시절의 시 쓰기의 교과서가 되어 준 것만은 확실합니다.

# 일하며 공부하며, 공부하며 일하며

 대한불교조계종은 한국 불교를 대표하는 종단입니다. 그 종단의 최고 어른이 바로 종정이시지요. 천주교로 치면 추기경과 비슷합니다. 성파 스님은 2022년부터 그 자리를 맡고 계십니다. 스님과 인연을 맺게 된 것은 스님의 자서전 《일하며 공부하며, 공부하며 일하며》를 우리 샘터 출판사에서 내기로 하면서부터입니다.

 1939년, 경남 합천에서 태어난 스님은 4남매 중 둘째로, 가정 형편 때문에 초등학교조차 마치지 못하셨습니다. 스무 살이 되던 해 통도사로 출가하신 후, 주지와 방장을 거쳐 종정에 오르기까지 오직 정진의 길만을 걸어오신 분입니다.

그런데 그 세월, 60년이 넘는 시간 동안 스님이 해내신 일들은 정말이지 놀랍습니다. 보통 사람이라면 한 가지도 이루기 어려운 업적들입니다. 28년 동안 도자 삼천 불과 16만 도자대장경을 빚으셨고, 이를 모시기 위해 장경각을 건립하셨습니다. 또 전통 불교 문화를 잇기 위해 쪽 염색을 비롯해 천연 염색과 새로운 옻칠 기법까지 개발하셨고, 그 결과는 건축과 발우, 탱화와 한지, 건칠불에 이르기까지 광범위한 영역에 이르렀습니다.

통도사 서운암에 성파 스님을 찾아뵐 때면 옷에 잔뜩 물감을 묻힌 채 옻칠 민화를 그리고 계시는 모습이 인상 깊었습니다. 한번은 붓글씨 실력을 기르기 위해 줄을 긋고 또 그었던 한지 수백 권을 보여 주셨을 때 깜짝 놀란 적이 있습니다. 먹으로 덧칠된 글자들로 종이가 두툼해졌을 정도였고, 뒷면은 까맣게 가려져 있었습니다. 그 자체로 스님의 공력이 엿보이는 노작이었다는 생각이 듭니다.

또 하나, 스님의 곁에는 항상 메모지가 있었습니다.

나무 한 그루를 심더라도 생태와 특성을 빼곡하게 적어 두셨고, 도자기를 구울 때도 불의 온도, 흙과 유약의 종류, 도자의 두께까지 세세히 기록하셨습니다. 기와 높이와 대들보 위치까지, 건축사가 설계도를 그리듯 적어 내려가셨지요. 실패했으면 무엇 때문에 실패했는지 이유를 기록하고, 일본과 중국을 오가며 배움을 멈추지 않으셨습니다. 어느 것 하나 대강 넘기는 법이 없으셨지요.

스님은 된장도 담그십니다. 직접 담근 된장을 나도 집에서 먹고 있는데, 그 맛은 손맛 깊은 할머니의 전통 그대로입니다. 된장을 담는 항아리조차 숨을 쉬는 옛 방식의 유약 항아리를 고집하십니다.

스님의 일상은 자서전 제목 그대로입니다. 일하며 공부하고, 공부하며 또 새로운 일을 해 나가십니다. 멈춤이 없습니다. 스님은 말씀은 적지만, 삶을 통해 말씀하십니다. 왜 일을 해야 하는지, 왜 일이 곧 공부이고 공부가 곧 일인지, 어떻게 살아야 하는지를 온몸으로 보여 주십니다. 도(道)는 높은 곳에 머무는 것이 아니라 바로 지금 이 자리, 일상의 구석구석에 있다는 것을 일러 주십니다. 모두가 스님처럼 살 수는 없겠지만 일과 공부를 하나로 여긴다면 행복은 멀리 있지 않고 바로 '지금', '여기'에 있음을 깨닫게 될 것입니다.

일반적으로 종교인들은 사람들에게 가르치듯 말하곤 합니다. 하지만 성파 스님은 다릅니다. 말로 가르치려 하지 않으시고, 따라오라 하지도 않으십니다. 다만 당신은 이렇게 일한다는 것을 보여 주실 뿐입니다. 같이 일하자는 말씀도 하지 않습니다. 그건 각자 알아서 할 노릇이라고 여기기 때문입니다.

스님의 말씀입니다.

"국민학교 5학년 때 6·25 전쟁이 났지. 그러다 보니 공부할 여가가 없던 거라. 그래서 학교 공부는 거기서 끝났지. 그렇지만 나는 낙심한 적이 한 번도 없어요. '공부가 별건가? 하면 되는 거지' 이런 생각이었지. 발길 닿는 곳이 학교이고, 사물을 접하는 것이 공부이고, 만나는 사람이 스승이라 생각했지. 내 마음만 성하면 다 공부다 여겼지. 그래서 나는 한 번도 공부 안 한 것에 대해 위축되거나 걱정한 적이 없습니다."

그런 스님이 일본어와 중국어를 그 나라 사람처럼

유창하게 하십니다. 일을 더 열심히, 더 잘하기 위해 배우신 거지요. 성파 스님이야말로 '평생 죽을 때까지 공부한다'는 평생 교육의 산 증인이십니다.

내가 아는 한, 인생의 높은 경지에 오른 분들 중에 그저 재능만 믿고 게으르게 살아 성공한 이는 없습니다. 재능은 누구에게나 하나씩은 있습니다. 그러나 진정한 성공은 그 재능을 갈고닦는 꾸준함에 달려 있다는 것을 아는 사람은 많지 않습니다.

# 용기란, 두려움을 느끼지 않는 것이 아니라 두려움을 이겨 내는 것

돌이켜 보니, 참으로 부모님 속을 많이 썩여 드렸습니다. 나도 그렇고 형들도 모두 대학 입시에 한 번 이상 실패한 경험이 있으니, 어머니께서 "자식 대학 복은 지지리도 없다"라고 한탄하셨던 게 이해도 됩니다. 재수 생활을 하는 동안에는 "누구네 아들은 어디 갔다던데", "누구네 딸은 시험만 봤다 하면 찰떡같이 붙던데……" 하는 말만 나와도 죄지은 사람처럼 부모님 눈을 똑바로 쳐다보지 못했습니다. 부모님에 대한 죄송함과 나 자신에 대한 실망 때문이었습니다.

하지만 진짜 문제는 대학 입시 실패 그 자체가 아닙

"무엇을 가지고 태어났는지가
중요한 게 아니라, 자신이 가진 것으로
무엇을 이루었는지가 중요하니까요."

니다. 실패 후 마음속에 뿌리내리는 열등감입니다. 내가 대학 다닐 때는 대학생 교복이 따로 있었습니다. 반드시 교복을 입어야만 하는 규정은 없었지만 서울대 같은 초일류 대학생들은, 특히 신입생들은 자부심을 드러내기 위해 가슴에 서울대 배지까지 달고 시내를 활보하고 다녔지요. 당연히 부러웠습니다.

'나도 저 교복과 배지를 달고 여자 친구를 사귈 수 있었는데' 하는 생각을 가졌으면 도서관이든, 학원이든 가서 열심히 입시 공부를 했어야지요. 그런데 공부는 안 하고 부러워하기만 했지요. 그래서 한 행동이 서울대 간 친구를 통해 서울대 배지를 구한 것입니다. 집에서나 학원에서는 달지 못하고, 버스 타고 시내 나갈 때 태연히 왼쪽 가슴에 배지를 달면 순간 내가 서울대 학생이 된 듯 착각을 할 수 있었지요. 물론 내가 재수생인지 아는 지인이 주변에 있을까 두리번거리며 경계를 놓치지 않고 말이지요. 얼마나 불안하고 유치한 짓입니까. 이런 짓을 그리 오랫동안 하지는 않았지만 지금 생각해도 참 한심하고 창피한 일입니다. 결국 열등감 때문이지요.

사회에 나와 신문 기자가 되고도 또 다른 열등감이 늘 나를 따라다녔습니다. 남들보다 기사를 잘 쓰는 것도 아니고, 취재를 잘해 특종을 터뜨리는 기자도 아니었지요. 간신히 날밤을 새워 가며 원고를 넘기면 다음 날 선배 기자가 싹 다 고쳐 놓곤 했습니다. 그럴 때마다 '나는 기자로서도 부족하구나' 하는 열등감에 빠져들었습니다. 200대 1의 경쟁률을 뚫고 '기자 고시'라는 시험을 통과하고 입사했던 내가 결국 10년을 채우지 못하고 신문사를 그만둔 것도 바로 그 열등감 때문이었습니다. 마음고생이 심해서 머리숱이 많이 헤싱헤싱해졌을 정도였습니다.

지금 생각하면 그렇게 열등감에 빠져 있을 필요가 전혀 없었습니다. 글 잘 쓰고, 취재 잘하는 기자만 필요한 게 아닙니다. 동료 기자들이 객관적으로 잘 판단해 기사를 쓸 수 있도록 데스크 역할을 잘하는 기자도 필요하지요. 책을 만드는 데 필자만 필요한 게 아니라 필자의 글이 독자들에게 잘 전달될 수 있도록, 영화로 치면 연출이나 감독 같은 편집자가 필요한 것처럼 말이지요.

신문사를 퇴사하고 책 만드는 샘터에 와서 처음부터 마구 재미났던 건만은 아닙니다. 적응하는 데 시간도 필요했고 책 만드는 공부를 많이 해야 했습니다. 그래도 어렸을 때부터 만화책이라도 책을 가까이한 게 큰 도움이 됐습니다. 잡지나 책을 만드는 일은 한 번도 지루할 수가 없습니다. 매번 새로운 주제와 필자를 만나게 됩니다. 필자만큼 깊이 있게 그 주제에 대해서 알지는 못해도 배움이 아주 큽니다.

지극히 전문적인 글도 중학교 정도의 독해력만 있으면 이해할 수 있도록 보다 쉽게 전달하는 노력이 책 만드는 편집자의 역할이지요. 어떤 글자체를 써야 할지, 글자의 크기는 크게 할지 아니면 깨알처럼 작게 해서 디자인적으로 독자들에게 다가갈지, 표지와 내지의 삽화는 어떤 것으로 해서 많은 독자들이 책을 읽는 재미를 더하게 할지 이 모든 것을 연구하고 전 세계의 온갖 책을 참고로 하는 '책 만드는 일'은 성취감과 자부심, 행복감의 종착역 같았습니다. 더구나 내가 만든 책을 서점이나 도서관, 지하철에서 사람들이 읽고 있는 것을 보게 될 때의 그 기쁨과 희열은 서울대 배지와 비교도 될 수 없지요. 열등감이요? 열등감을 생각할 겨를도 없습니다. 일에 푹 빠져 있으면 열등감도 사치입니다.

열등감은 스스로 마음속에 덫을 놓고 그 안에 자신을 가두는 중증의 병입니다. 끊임없이 자기를 남과 비교하면서 정작 자신의 장점이나 가능성은 외면한 채 나 자신을 점점 더 작고 초라하게 만듭니다. 자신에 대한 믿음은 점점 약해지고 결국 스스로를 깎아내리는 감정의 감옥에 갇힙니다.

그런데 나는 지금까지 열등감이 없는 사람을 본 적이 없습니다. 모든 사람이 다 학벌이나 능력뿐 아니라 외모, 돈, 건강 등 자신의 가치에 의문을 품고 있었습니다. 겉보기에 모든 걸 가진 것처럼 보이는 사람조차도 속이야기를 들어 보면 어김없이 열등감에 시달리고 있었습니다. 잘 아는 재벌 친구도 예외는 아니었습니다. 겉으로 드러내지 않을 뿐 가슴 어딘가에 종기처럼 품고 있는 게 있습니다.

세상에는 계속 열등감에 짓눌린 채 남의 탓만을 하며 살아가는 사람도 있는 반면에 열등감을 발판 삼아 자신을 바꾸고 단점을 장점으로 승화하는 사람도 있습니다. 그들에게는 열등감이 병이 아닙니다. 오히려 그것을 치료제 삼아 자신을 이해하고, 타인을 품을 수 있는 마음을 키워 갑니다. 용기란, 두려움을 느끼지 않는 것이 아니라 두려움을 이겨 내는 것입니다. 열등감은 누구에게나 있는 뛰어넘어야 할 허들이지요.

그렇다면 열등감을 어떻게 자신감으로 바꿀 수 있을까요? 먼저, 자신에게 정직해야 합니다. 남에게 보이는 모습이 아니라 거울 앞에서 스스로 당당할 수 있는 자신, 그 참된 나를 바라보아야 합니다. 그리고 그 모습을 사랑할 줄 알아야 합니다. 매일 아침 머리를 빗으며 거울을 보며 말해 보는 겁니다. "오늘 내 모습, 괜찮아. 잘할 수 있어!" 그렇게 스스로에게 용기를 불어넣는 것도 한 방법입니다. 열등감을 이겨 내고 자신감으로 바꾸는 열쇠는 다른 누구도 아닌, 바로 자기 자신에게 있습니다. 무엇을 가지고 태어났는지가 중요한 게 아니라, 자신이 가진 것으로 무엇을 이루었는지가 중요하니까요.

더 중요한 건, 자신이 진짜 좋아하는 일을 찾는 것입니다. 이유 없이 빠져드는 일, 시간이 가는 줄도 모를 만큼 몰입하게 되는 그 무언가를 찾는 것입니다. 그 안에 열등감으로 갇힌 마음을 열 수 있는 열쇠가 있습니다. 그렇게 닫힌 문을 열고 나면, 자신만의 꿈을 이룰 수 있는 길이 펼쳐져 있는 것을 볼 수 있을 것입니다. 확실히!

# 진짜 나를 찾아서

몇 해 전부터 나는 CJ나눔재단에서 진행하는 아이들의 꿈을 위한 프로젝트에 심사위원으로 참여하며 멘토링 강연을 해 오고 있습니다. 아이들에게 희망과 용기를 줄 수 있는 뜻깊은 일이라서 더욱 의미 있고 즐거운 마음으로 함께하고 있지요. 아이들을 만날 때마다 어린 시절의 내가 떠오르곤 합니다.

꼬꼬마였던 여덟 살쯤 나는 조금은 소심하고 겁이 많은 아이였습니다. 사람들 앞에 나서는 건 꿈도 못 꿨고, 온 가족 앞에서 재롱을 마구 피우는 동생의 타고난 재주가 부러워 한참을 멍하니 바라보고 있던 기억이 납니다. 물론, 내가 그런 생각을 하고 있었는지는 아무도 몰랐을 겁니다. 그만큼 조용했으니까요.

내게도 무언가 안에서 꿈틀거리는 것이 있는 것 같긴 한데 뭔지는 모르겠고, 나서는 방법을 찾을 만큼 요령이 있는 것도 아니었으니 늘 착하고 순하고 조용히 있는 아이라는 꼬리표가 붙어 다녔습니다. 어디서나 당당한 모습으로 커 나가기를 바라셨던 아버지는 부끄러움 많은 나를 웅변 학원에 보내셨습니다. 사람들 앞에서 자신 있게 말할 수 있는 아이로 크기를 바라셨던 게 아닌가 생각합니다.

신기한 것은 막상 어떤 상황이 주어지고 미션 앞에 놓이면 뒷걸음치지 않고 곧잘 주어진 일을 해결해 냈다는 것입니다. 어쩌면 뒤로 물러나거나 피하는 방법을 몰라서 그랬을지도 모르겠습니다. 원고 내용을 받으면 빠른 시간 안에 그것을 이해해 외우고, 사람들 앞에서 자신감 있게 내 이야기로 발표해 냈습니다. 더 기뻤던 것은 그 결과로 웅변 대회에서 대상이란 어마어마한 상을 받았다는 사실입니다.

그날의 기분을 나는 지금도 잊을 수 없습니다. 처음에는 '내가 대상을? 이걸 해냈어, 내가?' 반문하며 어리

둥절한 채 이 결과를 믿지 못했습니다. 그러다 이런 생각이 들었습니다. '와! 나도 이렇게 할 수 있는데, 이걸 해낼 용기가 있다는 걸 모르고 있었던 거야!' '앞으로 어떤 것이 내게 와도, 어떤 상황 속에서도 주저하거나 두려워하지 말고 담대하게, 당당하게 맞이해! 해낼 수 있어!'

그날 이후로 나는 어느 상황에 처해도 겁부터 내거나 두려워하지 않습니다. 진짜 나를 찾았으니까요. 나를 한번 바라본 다음 담대하게 또는 편안하게 환영하는 마음으로 새로운 상황을 맞이합니다. 물론 갑작스러운 미션이 오면 속에서는 떨릴 수도 있겠지만, 차분히 내게 주문을 걸어 봅니다. 누구나 완벽한 사람은 없고, 늘 그래왔듯 나는 피하지 않고 잘 해결해 낼 수 있을 거야 하고 말이지요. 누구도 해 보지 않은 일이라고, 가 보지 않은 길이라고 무조건 뒤로 숨고 포기하기보다는 할 수 있다는 용기와 능력 안에서 하나씩 이루어 나가겠다고 말이지요.

수많은 시간 속에서 우리는 경험을 하고 그 안에서 무수한 질문 앞에 놓이고 선택을 하게 됩니다. 인생은 간단한 뽑기가 아니지요. 우리는 이 미지의 상황을 즐기는 약간의 긴장감과 용기가 필요합니다. 해변 위 수많은 돌 속에서 반질반질 자신의 윤기를 드러내는 예쁜 조약돌처럼, 예쁜 꿈과 소중한 용기를 마음껏 펼쳐 보일 수 있습니다. 먼저, 자기만의 아름다움에 관심과 애정을 가지고 꾸준히 다듬은 다음 개성 있게 조합할 수 있어야 합니다. 이는 분명 나만이 할 수 있는 일이지요.

그리고 무엇이든 한번 멋지게 시도해 보는 용기가 필요합니다. 하다 보면 실수할 수도 있고, 때로는 좌절할 수도 있습니다. 동전의 양면처럼, 고통과 시련 없이는 어떤 값진 행복도 완벽한 달콤함으로 와닿을 수 없으니 말입니다. 사랑을 가득 담아 자신을 바라보고 진정한 나를 찾고 용기 있게 그 꿈에 닿기를 바랍니다. 나 또한 여전히 그 시간 속에 있습니다.

# 우리는 모두 자신의 의지와
# 상관없이 태어났다

 우리는 지금 내 얼굴을 선택할 수 없고, 재능도 선택할 수 없고, 키가 크고 작은 것 역시 선택할 수 없습니다. 이에 대해 잠깐은 부모님 탓을 할 수는 있겠지만 늙어 죽을 때까지 잘못 만난 부모 타령이나 하고 있다면, 그건 참 아둔한 일이지요.

 어느 날, 누군가가 "와! 드디어 네가 이 세상에 나왔구나" 하면서 이름은 무엇이고, 생김새는 어떻고 하면서 나에 대해 말해 줍니다. 아직 눈도 못 떴는데 "저분이 널 낳아 주신 엄마이고 그 옆에 계신 분은 아빠야. 이건 네 손가락, 그리고 이건 네 발가락이야" 하고 일러 줍니다.

그 순간부터 삶은 시작되는 겁니다. 거역할 수도, 고를 수도 없습니다. 그렇게 주어진 자리에서 조용히 시작됩니다. 운 좋게 부모가 교육 수준도 높고 경제적으로도 풍요롭다면, 그건 행운입니다. 하지만 부모가 폭력적이거나 경제적으로 어려운 환경에서 태어날 수도 있습니다. 그것 역시 누구의 선택도 아닙니다.

어렸을 적, 같은 반 친구 중에 늘 '킁킁' 하는 콧소리를 내는 친구가 있었습니다. 왼쪽 입술이 위로 살짝 올라간 친구도 있었지요. 콧소리를 내던 친구는 호흡기가 좋지 않아서 그랬을 것이고, 입술이 올라간 친구는 아마 입술갈림증 때문이 아니었을까 하는 생각이 듭니다. 선천적이든 집의 경제가 어려워서든 아직 부모의 보호 아래에 있는 아이 입장에서는 어느 하나 선택할 수 없는 것입니다. 철없던 시절에 그런 친구들을 놀렸던 기억이 있습니다. 사람의 걸모습을 두고 놀림거리로 삼다니 부끄럽기 짝이 없습니다.

대학생 때 가장 가깝게 지내던 친구는 고정욱입니다. 《아주 특별한 우리 형》, 《안내견 탄실이》 등 지금까지 350권이 넘는 책을 쓴 작가이지요. 모두 수십만 권씩 팔린 베스트셀러이고 그중 《가방 들어 주는 아이》는 무려 백만 명 이상의 독자를 만나면서 그의 이름을 세상에 널리 알린 명작입니다. 끊임없이 글을 쓰는 정욱이는 500권 이상 책을 내는 것이 목표라고 말합니다. 2025년에는 아동문학계의 노벨문학상이라고 불리는 '아스트리드 린드그렌 추모상' 수상자 후보로 오르기도 했지요. 언젠가는 내 친구가 이 상뿐만 아니라 노벨문학상도 받을 것을 믿어 의심치 않습니다.

정욱이는 한 살 무렵에 소아마비를 앓고 평생을 목발과 휠체어에 의지하며 살았습니다. 어릴 적에는 친구들이 '절름발이'라며 놀리는 것에 상처를 받았고, 장애가 있다는 이유로 의과 대학 진학도 막혔지요. 학교 측에서 원서 접수를 거부했기 때문입니다. 오늘날에는 말도 안 되는 일이지만, 우리가 대학에 입학하던 시절에는 그런 차별이 암묵적으로 용인되곤 했습니다. 그렇게 사회의 벽에 가로막혀 좌절한 인재가 얼마나 많았겠습니까.

하지만 정욱이는 달랐습니다. 냉대와 편견 속에서도

자신의 길을 묵묵히 찾았습니다. 그는 장애를 가진 사람만이 볼 수 있는 세계를 글로 풀어냈고, 자신이 좋아하는 책을 가까이하며 누구보다 깊이 있게 세상을 바라보았습니다. 그렇다고 글만 쓰는 것도 아닙니다. 불편한 몸을 이끌고 매년 200번 넘게 전국으로 강연을 다닙니다. 자신이 쓴 책을 통해, 또 자신의 삶과 생각을 통해 사람들과 만나고 세상과 소통합니다.

정욱이가 이렇게 멋진 삶을 살아갈 수 있었던 이유는 '있는 그대로의 자신'을 받아들이고, 자신이 할 수 있는 일, 자신이 좋아하는 일을 열심히 찾았기 때문입니다. 피나는 노력을 통해 자신의 삶을 일구었기 때문입니다. 만약 그 노력이 없었다면 자신의 처지를 비참하게 여기고, 세상을 원망하며 살아갔을지도 모릅니다.

내가 이렇게 태어났다고 한탄하는 대신, 또 누구처럼 되지 못했다고 자책하는 대신 나만의 길을 찾아서 멋지고 신나는 삶을 살아갈 수 있습니다. 우리 모두 어리석은 시간에 갇히지 않고 세상을 항해하는 배의 가장 앞에 서서 푸른 파도를 헤쳐 나가는 멋진 인간이 되기를 꿈꿔 봅니다.

# 김공제 선생님

 사람에게 가장 좋은 능력 가운데 하나는 무엇인가를 좋아하는 마음입니다. 좋아하는 것은 크게 까닭이 없습니다. 그냥 좋으면 좋은 것이지요. 싫은 것도 마찬가지입니다. 까닭, 즉 이유가 없지요. 그냥 싫으면 싫은 거지요. 이 좋아하는 마음과 싫어하는 마음이 세상을 바꾸고 사람의 삶을 바꿉니다.

 그러므로 될수록 좋아하는 마음을 많이 가지고 싫어하는 마음을 많이 갖지 않도록 애써야 합니다. 그것은 어린 사람에게 더욱 그렇습니다. 좋아하는 마음은 열린 마음이고 부드러운 마음이고 사랑하는 마음입니다. 그런 마음이 날마다의 삶을 아름답게 해 주고 희망을

"사람이 정말 좋은 사람을 만나는 것이
행운이며 또 그것 자체가
희망을 준다는 것을 나는 믿습니다."

갖게 합니다. 세상을 편안하게 바라보면서 더 좋은 앞날을 꿈꾸게 합니다.

부모님을 좋아하면 부모님이 하시는 일이나 사는 일을 좋게 생각하면서 자기도 부모님을 따라서 살고 싶게 해 주고, 친구를 좋아하면 친구와 함께하는 시간을 기다리면서 함께하는 시간을 즐거워하게 될 것이고 친구의 좋은 점을 닮아 가고 싶어 할 것입니다. 더욱이 학교에 다니는 학생으로서 선생님을 좋아하는 일은 중요합니다. 만약에 수학 선생님을 좋아한다면 자연스럽게 수학 공부가 좋아지고 수학 성적까지 올라갈 것입니다.

그래서 나는 가끔 어린 학생들에게 말하곤 합니다. 공부를 잘하고 싶으면 선생님을 좋아해라. 선생님을 좋아하는 것이 공부 잘하는 길이고 공부 잘하는 것이 또 인생을 성공적으로 살아가는 데 도움이 되는 길이다. 그렇습니다. 사람을 좋아하는 것이 세상을 잘 사는 지름길이고 선생님을 좋아하는 것이 공부 잘하는 지름길입니다.

외갓집에서 초등학교를 다닐 때는 집에서 학교까지

의 거리가 가까워 참 좋았습니다. 비가 오는 날이라 해도 많이 내리지 않는 날은 빠르게 달려가면 비를 많이 맞지 않고도 학교에 갈 정도로 가까웠으니까요. 그런데 중학교에 들어가면서 무엇보다 힘든 일은 집에서 학교까지 다니는 길이 멀다는 것이었습니다. 그 먼 거리를 꼬박 걸어서만 다니다 보니 시간도 많이 걸리고 힘이 들기도 했습니다.

나는 지금도 그렇지만 어려서는 유난히 키가 작고 몸집이 작은 아이였습니다. 다리까지 짧아서 키가 큰 선배나 또래들을 따라가려면 더욱 바쁘게 다리를 움직여야만 했지요. 그렇게 왕복 16킬로미터를 굳세게 3년 동안 걸어 다닌 덕분에 지금도 길을 걷는 것을 두려워하지 않는 사람이 되긴 했지만 그 당시에는 학교에 통학하는 것이 힘들고 힘든 일이었습니다.

또 힘든 일은 선도부 학생들이 교문 앞에서 학생들을 검열하고 감독하며 가끔은 붙잡아 세우고 벌을 세우는 것을 피하는 일이었습니다. 그리고 학생 가운데도 힘이 세고 행동이나 성격이 거친 아이들이 있어서 약한 아이들에게 시비 걸고 때리고 귀찮게 하는 일도 힘들었습니다. 말하자면 학교 폭력인데 내가 학교 다닐 때는 그런 일들이 요즘보다 더 많이 있었다고 생각합니다.

가장 좋은 방법은 그런 아이들의 눈에 띄지 않게 살금살금 피해 다니는 것입니다. 그런데 어쩔 수 없는 일은 우리 집에서 학교까지 가는 길에 여러 동네가 나오는데 그런 동네 앞길을 지날 때 그 동네 아이들이 지나가는 학생들을 붙잡고 시비 걸고 때로는 때려 주고 하는 일입니다. 대개는 중학교에 다니지 않고 집에서 일하는 아이들입니다. 그런 아이들을 피해서 나는 멀리 들길을 돌아서 다니기도 했습니다.

그렇지만 나는 학교에 다니는 일이 좋았습니다. 새로운 공부를 하는 것도 좋았지만 중학교에 들어가자마자 만난 1학년 시절 담임 선생님이 좋았습니다. 머리가 약간 벗겨진 남자 선생님인데 과학 교과에서 생물을 가르치는 선생님이었습니다. 무엇보다도 말씀이 유순하고 행동이 편안했습니다.

초등학교 다닐 때도 4학년, 5학년 때 담임 황우연 선생님이 좋았는데 중학교에 들어가서 김공제 선생님을 담임으로 만난 것은 행운과 같은 일이었습니다. 담임 선생님 수업이 기다려지는 것은 물론이고 수업 시간에 선생님 설명을 열심히 듣는 아이가 되었습니다. 시험을 보았을 때 과학 교과에서 생물 점수가 가장 좋게 나오는 것은 물론이었습니다.

지금도 고맙게 기억되는 일은 달마다 내는 사친회비에 대한 것입니다. 나는 사친회비를 제대로 내는 아이가 못 되었습니다. 여러 식구 먹고사는 일조차 힘겨운 우리 집 사정으로, 학교에서 가져오라는 사친회비를 꼬박꼬박 제때 낼 만한 형편이 못 되었습니다. 자연히 밀리고 밀려서 내야 했습니다.

학교 공부가 끝나고 종례 시간이면 담임 선생님이 종례를 하러 교실로 들어오십니다. 여러 가지 주의 사항과 알아야 할 일을 말씀해 주시고 내일 공부에 대해 예고를 해 주시고 끝으로 하는 말씀이 있습니다. 사친회비를 내지 못한 아이들 명단을 부르시고 종례 마친 다음에 교무실로 오라는 말씀입니다.

큰 잘못이나 죄를 지은 사람처럼 풀 죽은 모습으로 몇 아이들이 교무실로 찾아갑니다. 그럴 때 어김없이

끼는 아이가 나였습니다. 선생님은 사친회비 장부를 꺼내 놓고 묻습니다. "나수웅, 여러 달이나 사친회비가 밀렸구나. 언제까지 가져올 수 있겠니?" 돈 가져오라고 독촉하는 말씀이지만 선생님의 음성은 부드럽고 조용합니다. 나는 될수록 길게 날짜를 잡아서 말씀드립니다. "얘야, 그건 너무 멀잖니? 그보다 좀 빨리 가져올 수는 없겠니?"

그렇게 해서 여러 차례 실랑이 끝에 적당한 날짜가 선생님 수첩에 적힙니다. "그래. 일주일 뒤에는 꼭 가져오는 거다. 내 여기다 일주일이라고 쓰마." 선생님은 당신이 들고 있는 수첩에 '일주일'이라 써넣습니다. 그러나 그 일주일이 지켜진 일은 한 번도 없습니다. 밀리고 밀리다가 언젠가 겨우 지켜지곤 했으니까요. 그럴 때도 선생님의 음성은 다급하지 않고 유순했습니다. 나는 그런 선생님의 유순하고 부드러운 음성을 뒤로 하면서 집으로 돌아올 때 매우 감사하고 편안한 마음을 가질 수 있었습니다.

사람이 정말 좋은 사람을 만나는 것이 행운이며 또 그것 자체가 희망을 준다는 것을 나는 믿습니다. 그러기에 사람이 살아가면서 어떤 사람과 만나는가 하는 문제는 매우 중요한 문제입니다. 서천중학교 1학년 때 담임이셨던 김공제 선생님은 나로 하여금 사람이 사람을 믿고 의지해야 한다는 것을 말 없는 가운데 가르쳐 주신 분입니다. 세상을 사랑하는 방법까지 가르쳐 주신 분이라 하겠습니다. 학교 공부보다도 더 큰 것을 가르쳐 주신 분이라 하겠습니다.

# Music is my life

나는 어릴 적부터 음악을 참 좋아했습니다. 너무 좋아한 나머지 언제부턴가 음악이 삶의 일부가 되었지요. 귓바퀴를 타고 들어오는 공기의 진동, 비트에 숨겨진 잔잔한 선율, 마치 한 편의 독백처럼 다가오는 진솔한 소리는 나에게 깊은 울림을 줍니다. 나에게 음악 감상은 단순히 듣는 것을 넘어, 보고 느끼는 다른 감정을 덧칠하는 행위입니다. 소리가 눈에 보이는 형상이 되어 캔버스 위에 드러나는 그 짜릿함은 지금까지 내가 무언가를 표현하고 그려 내는 이유가 되었습니다.

음악을 향한 나의 사랑은 노래 부르기로 시작되었습니다. 아주 어릴 때는 동요 대회에 나가고 싶었지만 소극적인 성격 탓에 시도하지 못했지요. 하지만 중학생이 되어 용기를 내 라디오 프로그램 〈별이 빛나는 밤에〉 노래 콘테스트에 참가 신청을 했습니다. 이미 일은 저질렀고 마음만 졸이며 순서를 기다렸습니다. 마침내, 그 당시 좋아하던 노래 이은미의 〈기억 속으로〉를 불렀고 나에게 일등의 영광이 돌아왔습니다. 일등 상품은 무려 뉴발란스 운동화. 토실토실한 회색 운동화를 지금도 나는 잊지 못합니다.

 일등을 했던 경험은 나의 삶에 큰 의미를 남겼습니다. 겁도 없이 신청했지만 막상 다가온 현실에 두려움을 느꼈던 그 순간, 결국 스스로의 의지로 도전에 성공했던 경험은 값진 추억이 되었습니다. 또한, 실력보다도 자발적인 용기와 의지를 칭찬해 주셨던 아버지의 따뜻한 응원은 큰 힘이 되었지요.

 그 후로도 나는 틈만 나면 친구들과 음악을 이야기하고 같이 노래를 부르는 시간을 즐겼습니다. 대학생 시절에는 밴드를 결성해 보고 싶어서 돌아다녔던 적도 있었지요. 친구들을 모으고 더 열성적으로 시도했더라면 작은 인디밴드 보컬이라도 계속해 왔을지 모를 일입니다. 나는 좋아하는 마음만큼 행동이 그리 적극적이지는 못했습니다. 늘 하고 싶은 열망은 가득한데 당차게 판을 벌이는 일에는 또 쭈뼛거렸지요. 아무래도 크게 나서기 싫어하는 성격 탓에 진도 나가기가 영 쉽지 않았던 것 같습니다.

그래도 혼자 틈틈이 가수 오디션도 봤습니다. 오디션에 통과해서 회사로 나오라는 연락도 받은 적이 있는데 막상 하려니 얼굴 내밀고 노래할 자신이 또 없었지요. 이제야 조금 더 시도해 볼걸, 재미있는 또 다른 도전이 되었을 텐데 하는 아쉬움만 남습니다.

음악은 늘 나를 어루만져 줍니다. 힘든 날에는 어깨를 토닥여 주고 외로울 때는 곁을 지켜 주는 음악을 통해 위로와 치유를 얻습니다. 특히 서정적이고 철학적인 서사가 담긴 슬픈 멜로디를 좋아합니다. 감정이 절제된 시적 은유와 예상치 못한 변주는 나의 마음에 잔잔한 파동을 일으키며 평온함을 가져다주지요.

음악은 나에게 하나의 시가 되어 마음속에 둥둥 떠다녔고, 이것은 곧 그림을 그리는 원동력이 되었습니다. 아름답고 모호한 언어, 보일 듯 말 듯한 희미한 선율은 시가 되고 음악이 되어 나의 마음에 스며들었습니다. 이를 통해 나의 그림은 새가 되기도 하고 달이 되기도 하고 꽃이 되기도 했습니다. 먹, 유화, 흙 등 다양한 재료를 사용하더라도 그 안에 담아내는 마음은 늘 같았습니다. 삶에서 자연스레 배어 나오는 감정들이 미세한 파장이 되어 캔버스 위에 앉는 것입니다.

사랑하는 시와 음악, 그리고 주변 사람들과의 관계에서 오는 크고 작은 울림은 곧 이야기가 되고 '이름 모를 나'가 되어 나를 표현합니다. 오늘도 나는 음악을 듣고 노래합니다. 계속해서 꿈을 노래하게 하는 음악과 함께 나만의 아름다운 그림을 계속해서 그려 나갑니다.

# 넘어지는 순간에도 다시 일어설 힘을

　세상에는 쓰러지는 법보다 다시 일어서는 법을 더 깊게 배운 이들이 있습니다. 육신은 불편했으나 마음만큼은 누구보다 자유롭고 단단했던 사람, 장영희 교수님!

　2009년, 향년 57세 나이로 세상을 떠난 서강대학교 영문과의 장영희 교수님은 어린 시절 소아마비 장애 판정을 받았지만, 내가 살아오며 만난 누구보다도 '장애 없는' 분이셨습니다. 돌아가시기 3년 전에는 유방암과 척추암이라는 이중의 병마에 시달리셨지만, 그 누구보다도 겸손하고 당당하게 삶을 살아 내셨습니다. 육체는 비록 이 땅에서 자유롭지 못했지만, 정신만큼

"넘어질 때마다 번번이 죽을힘을 다해
다시 일어났고, 넘어지는 순간에도
나는 다시 일어설 힘을 모으고 있다."

은 자유롭고 단단한 분이셨습니다. 생의 마지막 순간까지도, 평생 써 온 글로 모은 10억 원 가까운 인세를 제자들의 장학금으로 기부하고 가신 그분을 나는 늘 '성인'이라 부릅니다.

교수님과의 인연은 《샘터》 잡지를 통해 시작되었습니다. 《샘터》에 매달 칼럼을 연재하셨지요. 처음에는 단순히 편집자와 필자 사이의 공적인 인연이었으나 시간이 흐르면서 교수님의 지인들과 가족들까지도 깊은 인연의 정으로 친해졌습니다.

예전 대학로의 샘터 출판사 사옥에는 엘리베이터가 없었습니다. 지금은 무장애(배리어프리)를 기반으로 한 시설들이 보편적이지만 샘터 사옥을 처음 짓던 1970년대 후반 무렵에는 지상 4층 건물에 엘리베이터를 설치하는 일은 드물었습니다. 아직 우리 대한민국이 경제적으로 크게 성장하지 못했던 때이기도 했고, 이전에 있었던 석유 파동 등의 경제 위기 속에서 엘리베이터는 시기상조라는 사회적 인식도 강했던 탓입니다.

샘터 사옥에 엘리베이터를 설치하기로 한 것은 필자들 중에 장애를 안고 있는 분들이 계셨기 때문입니다.

장영희 교수님도 그렇지만, 고정욱 작가님도 그랬습니다. 두 분 다 장애가 있던 터라 회사로 모실 때마다 죄송스러운 마음이 컸습니다. 그때 결심했습니다. 두 분뿐만 아니라 우리 회사를 찾는 모든 사람이 불편하지 않게 해야겠다고 말입니다.

  샘터 사옥에 엘리베이터를 설치한 것은 대표였던 나의 의지가 아니라 두 분 선생님 덕분이라고, 두 분이 우리 샘터의 필자가 되신 것은 단순한 우연이 아닐 거라고, 세상을 위해 놓쳐서는 안 되는 배려를 가르치시기 위한 것이라고 생각했습니다.

  흔히들 꿈이란 '무엇이 되겠다'는 희망을 말하는 것으로 생각하기 쉽지만 다른 누군가에게는 '어디론가 가고 싶다'는 것이 되기도 합니다. 장영희 교수님의 꿈이 그랬습니다. 어머니 등에 업혀 등하교를 해야 했던 어린 시절의 장영희에게 꿈은 그리 거창한 것이 아니었습니다. 내 의지로, 내 바람대로 내가 가고 싶은 곳을 갈 수 있으면 된다는 소박함이 전부였습니다. 하지만 장애가 있었기에 그 꿈이 커지기도 했습니다. 가고 싶은 곳이 때로는 깊은 바닷속이기도 했고, 머나먼 은하

계이기도 했지요.

나는 가끔 생각합니다. 비록 교수님이 잠수함인 노틸러스호도 타지 못했고 우주선인 컬럼비아호도 타지 못했지만, 먼 이국땅 뉴욕에서 박사 학위를 받았으니 비행기도 실컷 타고 바다 구경도 실컷 하셨던 셈이라고요. 어떻게 보면 드라마 속 주인공 같은 삶을 사셨던 것 같기도 합니다.

그런데 드라마에는 늘 위기가 있지요. 교수님이 6년간의 유학 생활 끝에 피나는 노력으로 박사 학위 논문을 마무리하고 이제는 행복한 귀국을 꿈꾸고 있을 때였습니다. 책처럼 두꺼운 논문을 가방에 넣어 차 트렁크에 실어 두었는데, 그만 도둑이 짐 꾸러미를 모조리 훔쳐 달아나고 말았습니다.

그 사실을 알게 된 교수님은 그 자리에서 기절해 버렸다고 합니다. 그럴 수밖에 없지요. 목발을 짚은 채 그 무거운 가방을 짊어지고 눈비를 맞으며 도서관을 드나들던 날들, 엉덩이에 종기가 날 정도로 꼼짝하지 않고 책을 붙잡고 씨름했던 날들이 한순간에 무너졌으니까요. 너무도 허무해서 죽고 싶은 심정이었다고 합니다.

당시에는 지금처럼 컴퓨터에 내용을 저장해 두는 시대가 아니었습니다. 타자기로 한 글자 한 글자 쳐야 했고, 오타라도 하나 나오면 처음부터 다시 글을 작성해야 했던 시절입니다. 논문 하나를 완성하려면 얼마나 시간이 걸릴지 알 수 없었습니다. 문제는 글의 내용을 다시 기억해 내고, 그 기억을 토대로 새롭게 써야 한다는 사실이었습니다. 그 충격에 교수님은 며칠 동안 커튼을 닫은 채 방에만 누워 계셨다고 합니다. 식사도 거른 채 그저 삶을 내려놓고 싶은 마음뿐이었지요. 그렇게 깊은 절망의 골짜기를 헤매고 있던 때, 마음속에서 이런 목소리가 들려왔다고 합니다.

"괜찮아. 다시 시작하면 되잖아. 다시 시작할 수 있어. 기껏해야 논문인데, 뭐. 나는 살아 있잖아. 논문 따위는 아무것도 아니야." 절망이 예고 없이 찾아왔듯, 희망도 예고 없이 찾아와 다시 용기를 북돋워 주었습니다. 그로부터 정확히 1년 후, 교수님은 다시 논문을 끝냈습니다. 그리고 그 논문 첫 장에 이렇게 헌사를 남겼습니다.

"내게 생명을 준 부모님께 감사합니다. 그리고 내 논

문 원고를 훔쳐 간 도둑에게도 감사합니다. 그는 목숨만큼 소중한 내 논문을 가져갔지만, 그보다 더 큰 가르침을 주었습니다. 그건 바로 절망은 없다는 것입니다. 그리고 언제든 다시 시작하면 된다는 것입니다. 그 일이 없었더라면 배울 수 없었던 소중한 경험을 가르쳐 준 도둑에게 감사의 인사를 표합니다."

이 얼마나 놀라운 생각의 전환입니까. 좌절조차 감사로 승화한 장영희 교수님의 삶에서, 나는 '다시 시작하는 법'이라는 가장 근원적인 힘을 배웁니다. 넘어졌기에 비로소 걸을 수 있었던, 그 단단한 걸음을 닮아 가고 싶습니다. 그래서 내 앞에 놓인 절망의 낭떠러지를 희망의 사다리로 천천히 건너가 보려 합니다.

내가 잊지 못하는 교수님의 마지막 말입니다.

"뒤돌아보면 내 인생에 이렇게 넘어지기를 수십 번. 남보다 조금 더 무거운 짐을 지고 가기에 좀 더 자주 넘어졌다. 그러나 신은 다시 일어나는 법을 가르치기 위해 넘어뜨린다고 나는 믿는다. 넘어질 때마다 번번이 죽을힘을 다해 다시 일어났고, 넘어지는 순간에도 나는 다시 일어설 힘을 모으고 있다."

# 언니라는 꿈

어릴 때부터 우리 가족 사이에서 나의 공식적인 별명은 '순두부'였습니다. 하얗고 순해 보이며 여리고 물러 터진 마음을 가진 아이, 그게 바로 나였지요. 말없이 조용한 성격에 어디서나 착한 얼굴로 웃어 주는 아이. 그런 호칭이 싫지 않았는지, 누군가 그렇게 부를 때마다 나는 이가 보이게 크게 웃어 보이며 화답하곤 했습니다.

그런 내 뒤로 곧이어 여동생이 태어났고, 나는 자연스럽게 첫째가 되면서 '언니'라는 호칭을 하나 더 달게 되었습니다. 그런데 언니가 되는 것도 조금은 부담스러운 자리더군요.

'빛나 언니.' 하나뿐인 동생에게 늘 본보기가 되어야 한다는 것, 우직해야 하고 늘 옳은 일을 선행해야 하며, 처음 마주한 일에 언제나 바른 판단과 명쾌한 답으로 현명한 결론을 도출해 내야 한다는 것 등. 정말 많이 부담스러운 자리였습니다. 나는 언니다워야 했습니다. 언니니까 더더욱 의젓해야 한다고 생각했지요. 생각해 보면 겨우 24개월도 채 안 되는 한 살 차이, 나름 연년생 언니인데 말입니다.

늘 최선을 다해 잘해 보려 노력했습니다. 하지만 의도와 다르게 실수를 할 때도 있지 않겠어요? 자칫 잘못해서 오히려 동생에게 꾸지람을 듣게 될 때도 있었는데, 그때마다 민망하고 서운한 적도 있었습니다. 그야말로 어설픈 첫째, 빛나 언니였지요.

부담스러운 '언니'라는 이 자리를 어찌어찌하여 지금까지 맡게 되었는데, 이 위치가 어떤 상황에서도 바뀔 리는 없으니 지금도 열심히 모범이 되려고 있는 힘껏 노력합니다. 나는 내 마음을 잘 알아주는 든든한 가족들을 위해 온 힘이 되어 주고 싶었습니다. 모두를 위해 단단하고 우직한 나무가 되고 싶었습니다. 이런 바람으로 자라서일까요. 나는 더 많은 아이의 언니가 되고 싶다는 또 다른 꿈이 생겼습니다.

  우연한 기회로 나는 사회 공헌 프로그램을 통해 많은 아이를 만나기 시작했습니다. 아이들은 하나하나 그 자체만으로 소중한, 보석처럼 빛나는 꿈을 꾸고 있었지요. 나는 그 꿈을 함께 어루만지며 응원하는 무한 긍정의 힘을 주는 큰언니가 되고 싶었습니다. 여전히 조금 어설픈 언니일지라도 말이에요. 나의 작은 용기가 아이들의 꿈의 시작이 되고, 기회가 되고, 성장의 산물이 되기를 바랐습니다.

  나는 계속해서 아이들에게 너희들이 하늘 위 반짝이는 예쁜 별처럼 귀하고 소중한 우리의 우주라고 말해주고 싶습니다. 마음을 다해서 진심을 표현하다 보면 진심은 통하지요. 연결되는 마음은 웃음을 만들어 내고 평화를 가져옵니다. 이런 평화는 우리 모두를 위한 자양분이 될 것입니다. 그렇게 우리는 무럭무럭 잘 자라나 더욱 튼튼한 나무가 될 것입니다.

  정성을 다해 노력해도 만인의 기대에 미치지 못해 서운한 경우가 생길 수 있습니다. 가치관의 방향이 달라 가끔 혼선이 따를지도 모르지요. 하지만 정성 어린 마음은 결국 통하는 법이니까요. 실수로 발생한 미미한 갈등은 대수롭지 않은 일입니다. 훌훌 털고 간단히 해결될 수 있지요. 넘어져 있는 사람을 외면하지 않고 손 내밀어 주는 것, 상심에 빠져 있는 사람의 어깨를 토닥이는 것. 우리는 그렇게 서로를 위로하며 서로의 형제가 되어 줄 수 있습니다.

"Every great dream begins with a dreamer."

"모든 위대한 일은 꿈에서 시작되었다."
• 해리엇 러브먼

# 10년 뒤에 보자

열다섯부터 열일곱 나이, 공주에 와서 보낸 고등학교(공주사범학교) 학생 시절 3년간은 완전히 시에 바쳐진 세월이었습니다. 어린아이의 결심치고는 참으로 엉뚱하고 한편으로는 단단한 것이기도 했습니다. 빈 공책 하나에 '육성을 찾을 때까지'라고 제법 그럴듯한 책의 제목까지 적어 놓고 시를 썼지만 나의 시 쓰기는 여전히 제자리걸음이었습니다. 그래도 시 쓰기를 포기하지 않은 걸 보면 신통한 일입니다. 그만큼 시 쓰는 일에 대단한 매력을 느꼈던 모양입니다.

정말로 시다운 시가 쓰인 것은 고등학교 3학년 때의 일입니다. 그때 쓴 시가 지금도 여러 편 내 손에 남아 있습니다. 오늘날 와서 읽어 보면 많이 모자란 작품이지만 그래도 깜냥껏은 애써서 쓴 시라고 할 수 있겠습니다. 《중도일보》에 투고한 시 〈연가〉가 발표되기도 했고, 새로 생긴 공주교육대학교 학보 《웅진계보》에 시 작품 한 편을 청탁받아 〈길〉을 발표하기도 했습니다.

그때는 우리 학교와 공주교육대학교가 한 캠퍼스 안에 있었고 대학교 교수님을 우리 학교 선생님들이 겸하고 있었는데 바로 학보사 주간이 우리 학교 지리 선생님(나도승 선생님)이셨던 것입니다. 그리고 우리 학교 마지막 교지인 《월락》(마지막 호)의 시 부분 맨 앞자리에 나의 시 〈항아리〉가 실리기도 했습니다. 그런 뒤로 동급생들은 나를 '시인'이란 별명으로 불러 주기 시작했습니다. 그래도 장래에 초등학교 선생님이 될 사람들이라 젊잖게 사람을 대했던 것 같습니다.

사범학교 3학년 때는 한글날 기념 공주군 학생 백일장에 나가 상을 받기도 했습니다. 1962년 10월 9일. 장소는 공산성 4·19 기념비 앞. 그러나 나는 장원을 하지 못하고 차원을 했습니다. 그런데 용케도 시 부문 입상자 세 사람 모두 우리 학교 동급생 남자 학생들이었습니다. 장원, 차원, 장려상, 그렇게 세 사람이 모두 우리 학급 아이들이었다는 겁니다.

그런데 차원을 받은 나는 1971년도 《서울신문》 신춘문예 당선으로 시인이 되고 장려상을 받은 사람(김기종)은 1977년도 《중앙일보》 신춘문예에 역시 당선되어 시인이 되었습니다. 그러면 왜 장원한 사람은 시인이 안 되었을까요? 그것은 그가 여러 가지 재주가 많아 이것저것 할 일이 많고 시 쓰는 일을 하찮게 여겨 그런 겁니다. 그럼 또 왜 나는 앞서서 시인이 되었을까요? 특별한 다른 능력이 없고 시 쓰는 일을 멈추지 않아서 그런 것입니다. 그렇게 한 가지 일을 열심히 하는 일은 중요하고 또 중요한 일입니다.

이렇게 공주에서의 3년을 보내고 거의 바닥 수준의 성적으로 졸업식을 갖는 날이 왔습니다. 그날은 눈이 많이 내리는 날이었고 졸업식 장소는 우리 학교 강당이었는데 강당이 매우 넓고 추웠던 기억이 납니다. 그런데 그날의 졸업식은 졸업생만 있고 재학생이 없는 특별한 졸업식이었습니다. 초등학교 교사를 기르는 학교인 사범학교가 교육대학으로 바뀌어 우리 학교가 문을 닫고 더는 학생을 뽑지 않았기 때문이지요.

   아마도 분위기가 그렇게 울적한 분위기여서 그랬을 것입니다. 졸업생 대표로 한 여학생이 재학생의 송사도 없이 사은사를 읽는데 내가 그만 울음이 터진 것입니다. 학교생활도 제대로 하지 않고 공부 성적 또한 바닥인 주제에 무엇이 그리도 그립고 서러워 그렇게 많이도 울었는지 모릅니다. 어쩌면 창밖에 쏟아지는 함박눈 때문에 그러지 않았을까 싶기도 합니다.

   그렇게 어설픈 기분으로 졸업식을 마치고 졸업장과 초등학교 2급 정교사 자격증을 받아 들고 각자 집으로 돌아가야 할 때입니다. 이제는 모든 과정이 다 끝나고 고향 집으로 돌아가 교사로 임용되어 발령이 내려지기만 기다리면 됩니다. 우리가 마지막 학생으로 졸업식까지 마쳤으니 이제 이 학교는 우리 학교가 아닙니다. 공주사범학교에서 공주교육대학으로 바뀐 것입니다. 그런데도 우리는 쉽게 그 자리를 뜨지 못했습니다.

   그때 누군가가 큰 소리로 말했습니다. "야, 이제 모두 집으로 돌아가자. 그리고 우리 10년 뒤에 다시 보자. 내가 키가 제일 작은데 그때도 내가 키가 제일 작은지 한번 키를 재러 올 거다." 그것은 우리 반에서 키가 제일 작아 3년 내내 1번 자리를 지켰던 강석호란 친구가 한 말이었습니다. '10년 뒤에 다시 보자!' 나는 그 말을 가슴에 새겼습니다. 그래, 10년 뒤에 다시 보는 거다. 그때는 분명히 나도 다른 사람이 되어 있을 것이다. 이렇게 '10년 뒤'라는 말은 나의 가슴에 새겨졌고 나의 삶을 이끌어 가는 말이 되었습니다.

## 연가

나태주

거지나 될까나.
옷일랑 천결 만결 기워 입고
거지나 될거나.

송진 냄새
고개 우흐로
소곳이 스미는
먼 남도 길을 걸어나 갈거나.

사뭇
놋날같이 피었다가
떨어지는
바람에 쌓이는
꽃을 밟고
노을에 비친
꽃잎을 밟고
끝없이 갈거나.

거지나 될거나.
말 못하는 거지나 될거나.

가는 곳마다 푸대접에
마을 어귀에 앉아 우는
거지나 될거나.

# 사과

나태주

밝은 거리의 가게마다
놓여지는 사과
이것은 욕되지 않게 보듬은 가슴
차라리 윤기 나는
수줍음.

이 밝은 얼굴은
앳된 향이 흐르는
슬픔이 아닌 그리움의
조용한 꽃.

지금 저것은
불빛 아래
다시금 익어 가는
낯선 아이다.

# 길

나태주

내가 가는 길은

치솟아 환히 뻗은 길
사계절 중
가을철이 유난히 긴 일 년의
어느 가을날.

새들이 노래하며
축복에 묻혀
바람에 펄럭이는 옷깃을 여미며
가슴 설레는 여행.

꽃이 떨어지고
잎이 푸르며
나는 커서 나이를 먹는데
어쩌다가 하늘을 우러르는 시간.

내가 가는 길에
언제나 환한 빛이
가난한 축복이 내려지길 비는 마음
언제나 가을철.

밝은 바람과 구름
나무는 늙고
환히 빛나는 길 위에
한 점 오락가락
구름 그림자.

# 꿈꾸는 해피엔딩

청소년 시절에는 나 역시 고민이 많았습니다. 지금 생각해 보면 대수롭지 않은 일인데, 그때는 뭐가 그리 심각했는지 하늘이 무너질 듯 먹구름 같은 고민 덩어리로 잠 못 드는 날이 줄곧 있었습니다.

학교 친구들과의 관계 속에서도 나는 늘 남을 먼저 생각하는 사려 깊은 아이였지만, 의도치 않은 서운한 일이 생기기도 하고 사소한 오해를 풀어야 할 때도 있었습니다. 그럴 때는 감정 소모가 많아져 심적으로 힘에 부치기도 했고, 혼자 이유 없이 토라진 친구를 챙겨야 할 때면 '왜 사람들은 서로를 바로 보지 못하는 걸까' 하고 답답해하기도 했습니다.

"욕심내지 않고, 서두르지 않고,
남의 것을 탐하지 않습니다.
그러나 내게 주어진 기회와 도전은
절대로 포기하지 않습니다."

때로는 관심 가는 남자친구가 있어서 설레기도 했습니다. 티를 내는 성격이 아니기에 짝사랑 같은 혼자만의 떨림이었다고 할까요. 그럴 때는 언제나처럼 찾아오는 내 친구, 음악을 들으며 그 노래의 주인공이 되었습니다. 떨리는 마음이 다독여지고 따뜻한 감정이 들어 좋았습니다. 사랑의 감정, 그것은 참 예쁘니까요. 웅변 학원을 다니면서부터 나는 변했습니다. 지금 되짚어 생각해도 가장 중요한 시기였던 것 같습니다. 지금의 나의 모습을 다져 가는 초석이 되었다고 할까요. 일단 역할이 주어지면 열심히 해냈습니다. 나를 깨고 또 다른 나를 만난 시기가 이때였습니다.

학급 회장도 여러 번 했고, 친구들 앞에서는 늘 모범이 되고자 했습니다. 6학년 때는 전교 회장 선거에도 나갈 정도로 등을 떠밀면 뒤로 물러나거나 머뭇거림이 없었습니다. 의욕도 넘쳤습니다. 중고등학교 시절에는 그림 그리기를 쉬지 않았지만, 공부도 재미있게 열심히 했습니다. 그 덕에 언제나 상위권 성적을 유지했고, 고등학교 3학년 때는 세 명만 뽑히는 서울대 입학 추천도 받게 되었습니다. 추천 명단에 들었다는 사실만으로 날아갈 듯 기뻤습니다.

그런데 하루는 선생님께서 나를 불러 "너는 쭉 홍대 입시만 준비했으니 서울대 추천은 다른 친구에게 양보하면 어떻겠냐"고 물으셨습니다. 그때는 선생님이 하신 말씀이나 제안은 다 나를 위한 것이라고 믿었기에 고개를 떨군 채 알겠다고 대답했지요. 지금 생각해 보면 어린 내게 그런 제안을 하신 선생님께 너무나 서운한 마음이 듭니다. 열심히 해 온 나에게 찾아온 정당한 기회를 다른 친구에게 양보하게 하셨다니. 인생의 중요한 갈림길에 있는 내게 그런 선택을 제안한 선생님이 지금도 조금은 야속할 때가 있습니다.

엄마에게 말씀도 못 드린 채, 인생의 큰 기회를 박탈당한 그때의 기분은 지금도 여전히 먹먹하게 내 마음 한구석에 남아 가시지 않는 멍이 되어 있습니다. 결국 나는 그해에 홍익대에도 진학하지 못했습니다. 어린 나에게 큰 시련이 찾아왔던 겁니다. 일등을 놓치지 않았고 실기 점수도 늘 상위권이었는데도 홍익대의 문턱은 높았습니다. 그때 그 기회를 내가 양보하지 않았다면 나는 서울대에 갔을까요? 그건 모르겠습니다. 다만,

내가 노력해서 얻은 정직한 기회는 잘 활용하고 도전해 봤어야 마땅하다는 것입니다. 그래야 미련도, 후회도 없습니다.

    나는 지금도 욕심내지 않고, 서두르지 않고, 남의 것을 탐하지 않습니다. 그러나 내게 주어진 기회와 도전은 절대로 포기하지 않습니다. 내가 할 수 있는 최선을 다해 행동하고 후회 없는 결과가 되려고 노력합니다. 그래야 스스로 떳떳합니다. 좋은 결과가 나오지 않더라도 후회가 없습니다. 어떻게 노력한다고 늘 최상의 결과만 바랄 수 있겠습니까. 그럼에도 노력을 했기에 후회가 없습니다. 안 되면 또 도전하면 되는 겁니다.

# 빨리 가는 것보다
# 돌아가는 것이 재미있다

 산을 워낙 좋아하는 나는 지금도 틈만 나면 산속에서 삽니다. 한때는 1년 365일 중 360일을, 눈이 오나 비가 오나 새벽에 눈을 뜨면 집 앞 북한산에 올랐습니다. 그것도 무려 3년 동안이나요. 지금은 무릎도 예전 같지 않고, 이사를 하는 바람에 출퇴근 시간이 빠듯해져 가끔 친구들과 트레킹 수준으로 산행을 즐기지만 한때는 KBS 방송사의 〈도전 지구 탐험대〉를 이끌고 히말라야산맥과 로키산맥을 종횡무진 누비기도 했지요.

 산의 매력은 한두 가지가 아닙니다. 갖은 고생을 하며 정상에 올랐을 때 끝없이 펼쳐진 대자연의 풍광은

땀과 피로, 고단했던 흔적을 말끔히 날려 버립니다. 세상이 다 내 것 같은 기분이 들고 어제오늘 지지고 볶으며 살아왔던 일들이 사소하고 우습게 보입니다. 왠지나 자신이 큰 바위라도 된 것 같은 느낌이 들지요. 그것이 다시 산을 찾게 하는 매력이겠지요.

산은 또 여러 가르침을 줍니다. 물론 산이 직접 말을 하는 건 아니니, 스스로 그 가르침을 읽어야 하지요. 마음의 귀가 굳어 있으면 자연의 속삭임이 들리지 않습니다. 유연해야 비로소 들리고 보입니다. 매일매일 같은 산, 같은 길을 걸어도 단 한 번도 똑같지 않습니다. 스쳐 지나갔던 길가의 이름 모를 꽃이 오늘 유독 눈에 들어오고, 자주 봐서 익숙해진 탓인지 다람쥐가 나를 보고도 경계하지 않는 모습에 놀라기도 하고 기쁘기도 합니다.

가끔은 일부러 샛길로 걸어 보기도 합니다. 그러면 산은, 자연은 자신이 가진 걸 있는 그대로 다 보여 줍니다. 서둘러 목표만 향할 때는 보이지 않던 것들이 잠깐 길을 헤맬 때 오히려 보물처럼 나타납니다. 마구 서둘러서 정상에 금세 올랐다가 내려오면 허망하지만, 천천히 살피고 오감으로 느끼면 공허하지 않습니다. 결과보다 훨씬 재미있고 알찬 과정의 즐거움을 알게 됩니다.

맹목적으로 목표나 꿈만을 향해 달려가면 목적 이외의 소소한 재미를 즐기지 못하게 됩니다. 그래서 한눈팔기도 참 중요한 겁니다. 아이들에게 "학교는 왜 가니?" 물으면, 열이면 열 "공부하러 가지요. 무슨 엉뚱한 질문을 하시는 거예요" 하겠지요. 그런데 그 공부를 마친 지 30~40년 지난 나의 또래들에게 "그럼, 졸업 후 지금 네 곁에 남은 게 뭐냐?"고 물었을 때 "그야 공부지"라고 대답할 사람은 단 한 명도 없을 겁니다. 장담하건대 모두 다른 대답을 할 겁니다.

학창 시절이 지나고도 남는 것 가운데 하나가 '친구'라고 생각합니다. 학교에 가는 목적 중 하나는 분명 공부이지만, 결국 인생에 남는 것은 친구입니다. 친구와 이야기하고 놀기 위해 학교를 가고, 그 김에 공부도 하는 것이지요. 나는 그랬습니다. 그 편에 공부도 즐겁게 할 수 있지요. 사실 공부 자체만을 목표로 삼는 건 쉽습니다. 그냥 책상에 앉아 교과서만 들여다보면 되니까요. 하지만 친구 사귀는 건 어려운 일입니다. 상대의 기분을 살펴야 하고, 오가는 대화 하나에도 일일이 신경을 써야 합니다. 그런데 그런 복잡한 인간관계가 오히려 더 재미있습니다. 공부처럼 단순한 건 금방 지겹고 싫증이 나지만, 복잡하고 어려운 건 계속 도전하고 싶어집니다. 마치 산을 타는 것과 비슷합니다. 그래서 등산을 인생에 비유하는지도 모르겠군요.

정상으로 오르는 길은 어느 산이든 하나만 있는 게 아닙니다. 케이블카를 탈 수도 있고, 요즘에는 잘 닦아놓아 걷기 편한 아스팔트 길로 천천히 걸어갈 수도 있습니다. 누구도 다니지 않았을 것 같은 새로운 길을 개척해서 바위를 붙잡고 간신히 산꼭대기에 오를 수도 있습니다.

물론 위험합니다. 길을 잃고 헤맬 수도 있고요. 실제로 나도 몇 번이나 같은 산에서 밤새도록 헤매며 '이러다 얼어 죽는 거 아닌가' 하는 생각이 들었던 적도 있습니다. 10미터 절벽에서 미끄러져 죽다 살아난 적도 있었고요. 다행히 목숨은 건졌지만 온몸은 멍투성이였지요. 그런데요, 정말 이상하게도 그 시간이 재미있었습니다. 즐거웠습니다.

삶의 목적은 단지 목표나 꿈을 이루는 데 있지 않습니다. 그 꿈을 향해 가는 과정에서 겪는 크고 작은 즐거움들, 그걸 놓치지 말아야 합니다. 목적을 달성하는 기쁨보다 어쩌면 훨씬 더 깊고 풍성한 기쁨일 수도 있으니까요.

누군가의 질문에 정답을 말하려고 애쓰기보다는 나 자신이 나와 세상에 질문을 던질 수 있어야 하지 않을까요. 남을 따라가는 삶이 아니라 나다운 삶을 주체적으로 만들어 가며 그 과정을 즐기는 것, 그게 진짜 사람답게 사는 길 아닐까요.

그것이, 그렇게 사는 것이 나의 꿈입니다. 나는 지금도 나다운 삶이 무엇인지 고민하며 오늘을 즐기고 있습니다.

# 시인의 탄생

초등학교 교사가 되는 사범학교를 졸업하고 나서도 발령은 쉽게 나지 않았습니다. 성적이 좋은 아이들은 서울에 있는 학교로까지 발령이 났으나 나같이 성적이 바닥인 축들은 감감무소식이었습니다. 1년 넘게 집에서 지내는 동안 집안일을 돕기도 했지만 주로 외갓집에 가서 외할머니와 지내기도 하고 서울로 올라가 몇 달 동안 서울 시내를 서성이다가 돌아오기도 했습니다. 그러면서도 계속 시집을 읽고 시를 생각하고 시를 쓰는 일은 잊지 않고 지냈습니다.

겨우 내가 초등학교 교사로 발령을 받은 것은 사범학교를 졸업한 다음 해인 1964년 5월 6일입니다. 아예 충남 쪽으로 배정받지 못하고 충북으로 배정받았다가 거기서도 밀려 경기도로 옮겨 경기도 북쪽인 연천군 군남초등학교 옥계리 분실이란 곳이었습니다. 교실 한 칸짜리 학교인데 1학년과 2학년 아이들을 복식으로 가르치는 자리였습니다. 그 학교에서 근무하던 교사가 군대에 입대하여 그 빈자리를 메꾸는 발령이었습니다.

그런데 그 학교가 있는 지역이 문제였습니다. 38선 이남인 것은 물론이고 군사 분계선과 아주 가까운 지역이라 북한에서 보내오는 전단과 스피커 방송 소리가 그대로 들려서 불안하기 짝이 없었습니다. 더구나 6·25 전쟁 때 묻어 둔 지뢰가 가끔 터져서 아이들이나 주민들이 해를 당하기도 했습니다. 겨울에는 날씨까지 엄청 추웠습니다. 나로서는 너무 낯설고 견디기 힘들었으나 첫 번째로 발령받은 학교라 나름대로 열심히 아이들을 가르치려고 애썼습니다.

그렇게 옥계리 분실 근무를 마치고 다음 해에는 본교로 불려 가 6학년 담임을 하게 되었습니다. 그냥 열심히만 가르치면 되는 줄 알고 열심히 가르쳤습니다. 아이들 가르치는 일이 힘들어 다시금 외할머니가 그곳까지 오셔서 방 하나를 얻어 밥을 해 주시며 나와 함께 지냈습니다. 어려움을 겪을 때마다 외할머니는 그렇게 나의 곁에 오시어 수고를 아끼지 않으셨던 분입니다. 다행히 아이들의 중학교 입학시험 성적이 좋아 학부모들로부터 칭찬받기도 했습니다.

처음 교사 생활을 하면서도 시 쓰는 일을 잊은 것은 아닙니다. 계속해서 시를 쓰는 동시에, 시 동인지를 두 권이나 내서 주변의 아는 사람들에게 돌렸습니다. 그 동인지는 두 사람이 만든 동인지인데 고등학교 3학년 때 공산성 백일장에 나가 입상한 김기종이란 친구와 함께였습니다. 그 친구는 나보다 한 해 앞서 대구로 발령을 받아 근무하고 있었고, 내가 동인지 내는 일을 제안하면서 책이 나오게 되었지요. 정식으로 인쇄한 책이 아니라 등사기로 프린트해서 만든 책입니다. 동인지 이름은 《구름에게 바람에게》. 그의 고향 안면도의 안면초등학교 운동장에서 멀리 서해를 바라보면서 둘이서 지은 이름입니다. 인쇄는 큰 도시에서 근무하는 김기종이 맡아서 했습니다.

그리고 1966년 8월에는 입대 영장이 나와 1학기 동안만 3학년 아이들을 가르치다가 그 학교에서 물러나 육군에 입대하여 꼬박 3년을 군대 생활을 했습니다. 그런데 군대 생활하는 동안 조용하고 유순하던 성격의 내가 많이 거칠어진 것입니다. 더구나 1년 동안 주월 비둘기 부대에 자원하여 베트남의 전쟁터까지 다녀오면서 더욱 나빠졌습니다. 글을 쓰는 사람으로서 나는 군대 이야기를 아직 한 번도 써 본 일이 없습니다. 베트남 이야기는 더욱 쓸 만한 마음이 없습니다. 내 인생에서 지워 내고 싶은 몇 토막의 시간이 있다면 그 가운데 하나가 바로 군대 생활하던 때이기 때문입니다.

하지만, 하지만 말입니다. 나는 베트남에서 군대 생활하던 때도 시 쓰는 일을 잊지 않았습니다. 마음의 여유가 생길 때마다 시를 생각하고 시를 썼습니다. 그 길만이 나를 지탱하는 버팀목이란 생각에서 그랬습니다. 가능하지 않은 일인 줄 알면서도 해마다 신문의 신춘문예에 작품을 응모하기도 했습니다. 베트남 근무를 마치고 돌아와 제대한 것은 1969년 7월이고 9월에 복직한 학교가 역시 경기도 연천군의 전곡초등학교였습니다. 이 학교는 군남초등학교처럼 시골 학교가 아니라 전곡읍에 있는 학교로 아이들도 많고 교사도 많은 학교였습니다.

이 학교에서 나는 한 여교사를 만납니다. 인천교육 대학교 출신의 여교사인데 나보다 한 살 아래였고 나와 함께 2학년 담임이었습니다. 게다가 내가 1반이고 그 여교사가 2반이라 교무실에서도 책상이 옆자리라 자주 만나게 되었습니다. 자연스럽게 가까워졌고 좋아지는 마음이 생겼습니다. 나는 적극적으로 그 여교사에게 접근했습니다. 고등학교 1학년 때 여학생을 좋아하고 나서 진정으로 좋아하는 여자가 다시금 생긴 것입니다. 정말로 결혼이란 걸 해 보고 싶은 사람이었습니다.

그런데 나의 조급한 성격이 문제였습니다. 그렇게 급하게 서두르는 것이 아니라 좀 더 느긋이 기다려 주었어야 하는 건데 그러지 못한 것이 나의 잘못이었습니다. 그녀와 사귀기 시작한 지 반년도 못되어 그녀의 집이 있는 인천으로 찾아가서 그녀와 결혼하게 해 달라고 사정했다가 그녀의 가족들로부터 강하게 거절을 당하고 만 것입니다. 오늘에 와서도 그것은 오로지 나의 잘못이고 매우 후회되는 일입니다.

'우리는 좀 더 서로의 정신적인 성숙이 필요하지 않을까요? 저는 방학 동안 바늘로 실밥을 세면서 우리의 진실을 다듬어 보겠습니다. 당신이 약속하려 하시는 16일 문제는 미뤄 주시기 바랍니다. 더 많은 그리움을 싸안고 우리는 만나야 합니다.' 이것은 나에게 남겨진 그녀의 유일한 편지인데 이 문장 안에는 맑고도 현명한 그녀의 마음이 잘 들어 있습니다. 그런데 내가 그걸 미처 깨닫지 못하고 만 것입니다. 그렇게 나는 성격적으로 모자란 사람이고 성급한 사람이고 어리석은 사람이었습니다. 어쩌면 이것은 지금도 마찬가지 아닌가 싶기도 합니다.

나에게 그 상처는 너무나 컸습니다. 그냥 세상 살기를 마감하고 죽어 버리고 싶기까지 했으니까요. 몸과 마음이 거침없이 망가져 갔습니다. 나중에는 기본적인 생활조차 할 수 없을 정도가 되고 말았습니다. 직장 생활조차 제대로 하지 못할 정도가 되어 결국은 아버지가 구원자로 나서서 나를 충남의 서천, 고향 학교로 불러 내렸습니다. 발령받은 학교는 서천군 서남초등학교. 서천 읍내에서 들판 건너 남산이란 커다란 산 뒷동네에 있는 시골 학교였습니다. 하지만 자연 환경이 조용하고 편안했습니다. 나는 그런 시골 마을이 좋았습니다. 비로소 내가 돌아올 곳으로 돌아왔다는 안도감이 생겼습니다. 마을 안에 대숲이 많았고 부근에 소나무 숲이 우거져 있었습니다. 소나무 숲에 부는 솔바람 소리를 들으며 숨결이 조금씩 가라앉기 시작했고 바람에 일렁이는 대숲을 보면서 눈길이 부드러워져 갔습니다.

조금씩 나는 제정신을 차리고 있었고 다시금 살아나고 싶다는 생각을 강하게 갖기 시작했습니다. 그렇게 살고 싶어 하는 마음이 나로 하여금 새롭게 시를 쓰게 했습니다. 날마다 새로운 시가 쓰였습니다. 그런데 그 시들은 이전에 쓰던 시들과 무언가 결이 많이 다른 시들이었습니다. 쨍한 느낌이랄지, 거추장스러운 옷을 벗어 버린 알몸과 같은 시들이었습니다. 때는 10월 말, 마침 신문에서는 신춘문예 작품을 모집한다는 광고가 나돌고 있었습니다. 내가 근무하던 학교에 들어오던 신문은 《서울신문》과 《한국일보》. 나는 《한국일보》에

동시를 응모하고 《서울신문》에 시를 응모했습니다. 그 가운데 한 군데라도 당선되면 내가 그 구렁텅이에서 살아날 것만 같다는 간절한 마음이 있었습니다.

그리고는 까마득히 잊고 있었습니다. 아닙니다. 겨울 방학이 되어 근무하던 학교에서 막동리 집으로 돌아가 사랑방에 요를 깔고 누워서 앓고 있었습니다. 그런데 밖에서 우체부가 와서 나를 찾는 소리가 들렸습니다. "나일준이가 누군가요? 배달 증명 우편이 왔는데 찾을 수가 없는데요. 분명 막동리 24번지, 이 집인데요." "아, 그런 사람 우리 동네에 없습니다. 내가 우리 동네 이장을 10년 동안 했는데요." 아버지의 목소리가 연이어 들려왔습니다. 나는 누워 있던 자리에서 벌떡 일어나 방문을 열고 마루로 나갔습니다. "그 편지 내 겁니다. 얼른 주세요." 나는 《서울신문》에 시를 응모할 때 '나일준'이란 필명으로 응모했던 것입니다.

우체부로부터 편지를 받아 든 나의 손이 부들부들 떨렸습니다. 봉투에는 가로로 붉은 줄이 처져 있었고 보낸 사람이 《서울신문》 문화부장 신우식으로 되어 있었습니다. 편지 내용은 말할 것도 없이 나의 시 〈대숲 아래서)의 신춘문예 당선 통지서였습니다. 아, 내가 드디어 시인이 되었다! 마음속으로부터 솟구치는 기쁨이 있었습니다. 이 얼마나 오랫동안 간절히 바라고 바라던 일이었던가. 더구나 심사위원이 박목월 선생과 박남수 선생이었습니다. 그 두 분은 내가 고등학교 시절 시 공부를 하면서부터 마음 깊이 사모하고 좋아하던 분이었으니 그 기쁨은 더욱 크고도 벅찬 것이었습니다. 그렇게 해서 나는 이 땅의 한 사람 시인이 되었고 죽을 뻔했던 젊은이는 새로운 생명을 찾게 된 것입니다.

## 대숲 아래서

나태주

바람은 구름을 몰고
구름은 생각을 몰고
다시 생각은 대숲을 몰고
대숲 아래 내 마음은 낙엽을 몬다.

밤새도록 댓잎에 별빛 어리듯
그슬린 등피에는 네 얼굴이 어리고
밤 깊어 대숲에는 후둑이다 가는 밤 소나기 소리.
그리고도 간간이 사운대다 가는 밤바람 소리.

어제는 보고 싶다 편지 쓰고
어젯밤 꿈엔 너를 만나 쓰러져 울었다.
자고 나니 눈두덩엔 메마른 눈물자죽,
문을 여니 산골엔 실비단 안개.

모두가 내 것만은 아닌 가을,
해 지는 서녘구름만이 내 차지다.
동구 밖에 떠드는 애들의
소리만이 내 차지다.
또한 동구 밖에서부터 피어오르는
밤안개만이 내 차지다.

하기는 모두가 내 것만은 아닌 것도 아닌
이 가을,
저녁밥 일찍이 먹고
우물가에 산보 나온
달님만이 내 차지다.
물에 빠져 머리칼 헹구는
달님만이 내 차지다.

# 일단 가볍게 출발

요즘 나는 뒤늦게 스키를 배우고 있습니다. 나이가 들어가면서 제일 뼈저리게 느끼는 건 순발력이 예전 같지 않다는 점입니다. 그리고 또 하나, 귀찮은 것은 싫습니다. 아내가 부탁해 집 안 가구를 옮길 때도 "아, 그냥 그 자리도 괜찮은데 굳이 이걸 왜 옮기려고 하나" 구시렁거리고, 뜨락에 꽃나무 하나 심는 일도 "내일 하지, 뭐" 하며 자꾸 게으름을 부립니다.

스키는 이 두 가지(떨어진 순발력과 귀찮음)를 한꺼번에 해결할 수 있는 아주 좋은 운동입니다. 물론 겨울, 그리고 눈이 적당히 쌓여야 할 수 있다는 제약은 있지만 겨울 운동으로 스키만 한 게 없다는 생각이 듭니다. 게다가 요즘은 인공 눈이 자연 눈보다 스키 타기에는 더 좋다는 이야기도 있으니 기상 제약도 덜한 편입니다.

가파른 경사를 스키 타고 내려오면 처음에는 무섭습니다. 잘못 넘어지면 아프고, 큰 사고라도 나면 팔다리가 부러질 수도 있지요. 그래도 기초를 잘 배우고, 내려올 때도 순간순간 왼쪽으로 방향을 틀 것인지, 오른쪽으로 틀 것인지 판단하다 보면 스릴도 있고 순발력도 길러집니다.

물론 과정은 귀찮습니다. 무거운 스키 장비를 이고 지고 먼 스키장까지 가야 하고, 가서는 두꺼운 스키복으로 갈아입어야 하고 무거운 부츠도 신어야 하니까요. 그나마 리프트가 있어서 다행이지, 리프트가 없었다면 아예 시작조차 하지 않았을 게 분명합니다. 게으름이 몸에 밴 사람이 즐기기에는 어려운 운동이지요. 하지만 나는 '귀찮은 거 싫어하고, 자꾸 느슨해지기만 하는 내게 자극을 주자' 이런 마음으로 시작했고, 지금은 스스로 아주 잘한 선택이라 생각하고 있습니다. '역시 겨울 스포츠의 꽃은 뭐니 뭐니 해도 스키지!'라고 자신을 세뇌하기도 합니다.

운동은 제대로 배워야 재미도 있고, 부상을 입을 확률도 줄어듭니다. 그래서 비싼 강습료를 내고 스키 스쿨에 입학했습니다. 그런데 매번 젊은 강사에게 핀잔을 듣습니다. "그렇게 타시면 눈밭에 그냥 생돈을 뿌리는 겁니다." "운동 좀 하신다면서 아직도 기본 자세가 안 잡혀 있네요?"

'에이, 자존심 상해! 내가 왕년에 제임스 본드 뺨을 칠 정도였는데, 이젠 젊은 친구들한테 비웃음이나 사고……. 이쯤에서 관둘까? 자칫 넘어져서 구르다가 팔다리라도 부러지면 누굴 탓할 수도 없고…….' 별별 생각이 다 듭니다. 강사가 가르쳐 준 대로 골반을 틀고 자세를 잡아 보려 해도 굳어 버린 근육은 내 마음대로 움직이지 않습니다. 균형을 잡으려 엉덩이에 힘을 주다 보니 뒤로 자빠지기도 여러 번. 그래도 또 일어섭니다.

사실 어떤 운동이든 고비는 있기 마련입니다. 풀코스 마라톤을 뛸 때도 35킬로미터 즈음에서 아주 심각한 위기가 옵니다. 발목, 손목, 어깨, 목……. 어디 한 군데 아프지 않은 곳이 없지요. '도대체 내가 왜 이런 생고생을 사서 하나?', '이쯤에서 포기하자, 포기해' 이런 생각이 한 발 한 발 내디딜 때마다 속에서 끓어오릅니다. 동네 뒷산도 마찬가지입니다. 우습게 보여도 마지막 '깔딱 고개'는 있습니다. 왠지 나이가 들면서 점점 더 힘이 든다는 생각에 사로잡히고 맙니다.

그런데 오히려 40킬로미터에 다다르면, 그 깔딱 고개를 넘고 나면 내가 알지 못하던 세계가 펼쳐집니다. 가쁘던 숨은 차분해지고, 고개를 오르며 터질 것 같던 다리는 발아래 펼쳐진 세상에서 무엇보다 든든한 기둥이 됩니다.

나의 스승이기도 한 아버지는 이렇게 말씀하셨습니다. "포기는, 내가 지금 그만두어도 결코 후회하지 않는다는 확신이 들 때 하는 거란다."

포기도 습관입니다. 쉽게 포기하면, 늘 그 자리에 안주하게 됩니다. 그리고 새로운 것에 대한 두려움만 더 커지지요. 마의 구간이라는 35킬로미터를 넘어서지 못하면, 숨이 차오르는 깔딱 고개를 올라서지 못하면 가 보지 못한 것에 대한 두려움 때문에 더 이상 앞으로 나아가지 못할 것입니다.

스키, 나는 포기하지 않을 겁니다. 최고의 산악인, 최고의 마라토너는 되지 못했더라도 산행의 즐거움, 달리기의 매력을 알게 된 것처럼 스키의 묘미를 느끼게 될 때까지 계속해 보려 합니다. 지금 포기하면 나는 누군가 만들어 놓은 단순한 눈사람에 그칠 뿐이지만, 계속하면 자신만의 개성을 지닌 올라프가 될 수 있으니까요.

지금껏 내가 살아온 방식이 늘 이와 같았습니다. 새로움에 대한 호기심! 처음에는 가볍게, 쉽게 시작합니다. 그러다 새로움에 대한 호기심이 조금씩 나를 자극합니다. 그때부터는 궤도 위의 열차처럼 앞을 향해 달려갑니다. 자신감이 붙으면서 세상일이 아무것도 아닌 것처럼 여겨지고, 언제나 승승장구할 것만 같습니다.

그런데 또 한편으로, 시간이 조금 지나면서 세상에 깃털처럼 가벼운 일은 없다는 것을 깨닫게 되기도 합니다. 운동도, 일도, 공부도 마찬가지입니다. 시행착오도 겪고, 때로는 심한 좌절감도 느낍니다. 자신과의 타협, 포기의 목소리가 종종 들려옵니다. '왜 이걸 시작했지?' '이걸 끝내고 나면 뭐가 남을까? 성취감? 그럼 그 다음에 오는 것은 무엇이지?' 아무리 좋은 결과가 나오더라도 감동은 오래가지 않습니다. 감동은 짧고, 그것을 이루기 위한 과정은 깁니다.

나는 생각합니다. 이 긴 과정이 결국 지금의 나를 이루어 온 것이라고 말입니다. 이 과정에서 자신과 많은 이야기를 나눕니다. 웃음과 실망, 인내와 끈기, 창의력 같은 것들이 그 속에 숨어 있습니다. 완벽하지는 않더라도 앞으로도 계속 무엇인가에 도전하고 싶습니다. 그 끝이 어떤 모습일지 알 수는 없지만, 그 과정에서 분명 배움은 계속되고 정신은 한층 더 성숙해질 것을 믿습니다.

그러니 일단 출발해 봅니다. 부담 없이 가볍게, 하지만 포기하지 않도록 충실히.

## 빵을 굽는 마음으로

나는 거의 매일같이 빵집에서 빵을 한 보따리 사 옵니다. 손도 커서 당연히 혼자서는 다 먹지 못할 양을 사 와 이 집 저 집에 빵으로 통 크게 사랑을 전하지요. 밥 없이는 살아도 빵 없이는 못 산다고 말할 정도라 어릴 때부터 엄마는 나에게 미국에 가서도, 프랑스에 가서도 잘 살 거라고 웃으면서 이야기했습니다.

참새가 방앗간을 못 지나치듯, 내게 빵집은 그런 곳입니다. 대전에서 나고 자라 오랜 시간 함께해 온 나의 방앗간이 있지요. 바로 '성심당'이라는 빵집입니다. 어린 나이부터 어른이 되기까지 그곳은 나의 친구이자, 동심이자, 빵심입니다.

"적당히 부푼 빵처럼 나의 이야기를
그림으로 노르스름하게 잘 구워 내
사람들의 마음을 살찌게 하고 싶다는
목표가 생겼습니다."

그들의 빵에 다른 곳과 차별화된 특별한 재료가 들어간다거나 겉모양을 뽐내는 화려한 세련됨이 있는 것은 아닙니다. 그런데 사실 비밀이 하나 있습니다. 신비한 마법 가루로 빚어낸 이름 모를 친근함과 다정한 마음을 그 안에 담았습니다.

그 빵을 먹으면 위로가 되고 친구가 되며 너와 내가 하나가 됩니다. 제빵사가 흘리는 노동의 땀방울을 누구보다 귀하고 거룩하게 여기는 빵집 사장님의 마음이 빵 안에 겹겹이 스며 있습니다. 빵을 한 입 가득 베어 물면 빵의 진심이 내 안에 부드럽게 녹아듭니다. 천 원도 채 되지 않지만 참으로 거창한 빵입니다.

10년 전 어느 날, 성심당 사장님께서 한창 그림을 그리고 있던 나의 작업실 문을 두드렸습니다. 빵집 사무실을 오갈 때마다 마주하는 작업실 유리창 너머로 나의 그림을 꽤 오래 봐 왔다며 말씀을 꺼내셨지요. "성심당의 60주년을 앞두고 여러 이야기를 준비 중인데, 홍빛나 어린이의 마음을 담은 성심당의 모습을 그려줄 수 있을까요?" 나는 하나의 머뭇거림 없이 "네, 해볼게요" 하고 답했습니다. 너무나도 애정하는 빵이라는 녀

석이었고, 무엇보다 나의 유년 빵심을 키운 집 앞 놀이터 같은 성심당이었으니까요.

내게 있어 성심당의 정서는 언제나 두 팔 벌려 나를 반기는 가족 같은 포근함이었고, 하얀 김이 모락모락 오르는 저녁 들녘의 풍경처럼 부러울 게 없는 소박한 다정함이었고, 밀가루가 미동에 가볍게 흘날려 살포시 몸 전체에 내려앉는 것 같은 편안함이었습니다. 나는 이 정서를 바탕으로 빵 하나하나에 담긴 정성과 추억을 캔버스에 그려 나갔습니다. 6개월이 지나자 마침내 성심당 마을이 그림으로 완성되었지요.

그날을 시작으로 지난 10년 동안 성심당과 행복하게 동행했습니다. 그 시간에서 나는 동질감을 느꼈습니다. 그림 그리기는 빵을 만드는 일과 같았습니다. 나는 재료를 반죽하여 뜸을 들이고 캔버스 위에서 이야기를 구워 내는 사람이니까요. 오랜 시간, 따뜻한 사랑의 정신과 성심의 자세로 빵을 구워 내고 빵집을 운영해 가는 성심당의 모습과 그곳에 들른 사람들의 행복한 모습을 가까이서 지켜보았습니다. 그리고 나 역시 적당히 부푼 빵처럼 나의 이야기를 그림으로 노르스름하게 잘 구워 내 사람들의 마음을 살찌게 하고 싶다는 목표가 생겼습니다.

화가의 마음은 순하고 여리고 예쁘게 부푸는 빵과 같습니다. 우리는 이 마음을 그림이라는 시각적 화면을 통해 오븐 밖 세상에 내놓습니다. 제빵사가 공을 들여 밀가루를 반죽하듯이, 화가는 자신의 영혼을 정성으로 주물러 그림 안에 담으려 애씁니다. 화가의 작업은 그런 마음으로 시작되며, 그것은 거룩한 정신의 노동이기에 존중받아 마땅하다고 믿습니다.

성심당 제빵사는 오늘도 그저 열심히 빵을 만들 뿐이라고, 그것이 오늘 자신들의 소임이라고 말했습니다. 성심당의 경영인은 노동의 땀방울을 알기에 작은 빵 조각도 절대 쉽게 버릴 수 없다고 말했지요. 그 말이 빵 먹을 때마다 곱씹어집니다. 많은 것을 느끼게 합니다. 성심당은 나에게 또 다른 중요한 가치를 알게 해 주었고, 내가 그림 그리기라는 꿈의 과정에서 사람들과 무엇을 나누어야 하는지를 알게 해 주었습니다.

오늘도 내가 빵을 굽는 마음으로 그림을 그리는 까닭입니다.

## 나만의 속도

 마라톤을 뛰고 난 후 나는 발톱이 세 개나 빠졌습니다. 시간이 지나 새 발톱이 자라났지만 지금도 다른 발톱들과 모양새도 색깔도 다릅니다. 흉터처럼요. 마치 마라톤을 뛰기 전과 후로 나누는 경계 같기도 합니다. 아프지는 않습니다. 양말을 벗을 때나 목욕탕에서 물속에 발을 담글 때면 인내의 한계를 시험했던 나의 첫 마라톤을 떠올립니다. 시련을 겪은 발톱들은 내게 흉터가 아니라 훈장입니다.

 나의 새로운 경험의 세계는 마라톤으로 끝나지 않았습니다. 그 후 얼마 지나지 않아 검도를 시작했습니다. 회사 근처에 친하게 지내는 건축 설계사가 계시는데,

그분 회사 지하에는 영화 감상이나 음악회를 열 수 있는 공간이 있습니다. 아침에는 직원들이 모여 운동도 한다는 이야기를 들었습니다. 그러다 어느 날, 각자 다른 운동을 하기보다는 함께 검도를 해 보는 게 어떻겠냐는 제안이 있었고, 회사 대표도 이를 적극적으로 받아들여 검도 도장을 열게 된 것이죠. 도장 구경을 하던 나도 흥미를 느껴 "저도 함께 검도를 해도 될까요?" 여쭈었고, 설계 회사 대표께서도 "그곳은 열린 공간이니 누구든 환영합니다" 하고 흔쾌히 허락해 주셨습니다.

그렇게 나의 아침 검도 생활이 시작됐습니다. 매주 월·수·금 아침 7시부터 8시 20분까지 계획적으로 운동을 했습니다. 사무실과 가까운 곳에 있어, 샤워하고 간단히 아침 먹고 나도 9시까지 출근하는 데 무리가 없었습니다. 회사의 배려로 무료 수강을 할 수 있어 부담도 없었지요. 물론 나도 가만히 있지는 않았습니다. 감사의 마음으로 남들이 오기 전에 먼저 가서 구석구석 깨끗이 청소를 했습니다. 마치 무협 영화 속 막내 제자처럼 최선을 다했습니다. 비록 턱수염이 수북하게 자란 중년의 아저씨였지만요.

검도를 해 본 사람은 알겠지만, 한겨울에도 한 시간만 뛰면 두꺼운 도복이 축축해집니다. 한여름에는 더하겠지요. 도복을 쥐어짜면 목욕 수건처럼 물이 뚝뚝 떨어질 정도였습니다. 정말이지 숨은 할딱할딱 턱턱 막히고, 나처럼 안경을 낀 사람은 땀 때문에 안경에 김이 서려서 앞도 제대로 안 보일 지경입니다. 가끔 일대일로 대련을 하면 숨소리는 거의 기관차 엔진 소리 같습니다. 준비 운동과 명상 시간이 강습의 절반가량을 차지하지만, 나머지 절반은 강도 높은 운동량 때문에 헉헉대기 일쑤입니다. 하지만 정신없이 죽도를 휘두르다 보면 또 시간이 정말 총알같이 지나갑니다.

힘은 들었지만, 4년 동안 거의 한 번도 빠지지 않고 도장을 나갔습니다. 계속 더 하고 싶었는데, 족저근막염이 심해져서 도중에 하차해야 했습니다. 그래도 나는 대한검도회 공인 2단입니다. 사실 그 숫자보다 더 중요한 건, 검도를 통해 내가 얻게 된 인생의 교훈입니다.

어릴 적부터 운동 신경이 좋다는 말을 많이 들었습니다. 타고난 민첩성에 순발력도 좋았지요. 또 어떻게 보면 제임스 본드 덕분입니다. 그를 닮고 싶어서 더 열심히 운동을 했으니까요.

검도에서도 운동 신경은 도움이 됐습니다. 나보다 먼저 시작한 사람들보다 칼끝이 더 정확하고 빠르다는 걸 스스로도 느낄 수 있었지요. 나를 지도해 주신 분은 검도 9단인 서병윤 사범님입니다. 한국 검도계의 태두, 살아 있는 전설 같은 분이지요. 내가 그분께 처음 가르침을 받던 2008년에 일흔이셨으니, 지금은 여든일곱이 되셨네요. 그 연세에도 여전히 후학을 가르치고 또 스스로 배우고 계십니다. 말 그대로 검도를 위해 태어난 분이라고 해도 과언이 아닙니다.

가끔 사범님께서 나를 일대일로 지도해 주실 때가 있었습니다. 정말 큰 특혜지요. 하지만 입에서 거품이 일 정도로 혹독하게 가르치십니다. 나도 성장한 모습을 보여 드리고 싶은 마음에 젖 먹던 힘까지 짜내 이리 뛰고 저리 뛰고, 도장이 떠나가라 고함도 질렀습니다. 길어 봐야 5분 지도인데, 나한테는 마치 5시간을 뛴 것 같은 힘겨움이 느껴집니다.

지금도 사범님이 해 주셨던 말씀이 잊히지 않습니

다. "검은 능력에 따라 다루는 속도가 다릅니다. 하지만 빠르다고 해서 이기는 게 아닙니다. 느린 것 같아도 흔들리지 않는 검은 당할 수 없지요. 빠르다, 느리다, 이런 것은 중요하지 않습니다. 자신이 지닌 검의 속도를 잘 알아야 흔들리지 않을 수 있습니다. 그것이 이길 수 있는 열쇠입니다. 자신의 속도는 누가 대신 찾아줄 수 없습니다. 스스로 찾아야 합니다. 자신만의 속도를."

스스로에게 묻습니다. '나는 나만의 속도를 아는가? 나는 나를 아는가? 나는 누구인가?'

자신의 속도를 찾는 것도 아주아주 어려운 일이지만 다른 사람들의 속도에 무관심할 수 없는 게 현실의 경쟁 사회입니다. 특히 회사를 운영하는 나로서는 독불장군처럼 '남이 뭐라든 우리만 잘하면 된다'고 우기며 살 수가 없지요. 세상의 변화와 속도를 무시할 수 없습니다. 그래서 '일하며 공부하며, 공부하며 일하며'가 습관이 되어야 합니다. '어떻게 하면 이 일이 보다 좋은 결과를 얻어 낼 수 있을까? 새로운 방법은 없을까?' 일의 시작은 이런 사물의 이치를 깊이 연구하는 궁리에서 출발합니다. 그리고 실행을 하고, 실패를 반복하고, 좌절도 하고, 다시 일어나 '왜 실패했을까?' 생각하고 다른 방법을 찾아서 또 시도해 보는 것. 이 방법밖에는 없습니다.

운 좋게 단번에 성공을 했다면 그건 궁극적으로 좋은 결과는 아닙니다. 내가 처음 샘터 출판사에 와서 만든 책이 피천득 선생님의 수필 《인연》이었습니다. 그 책은 표지와 제목을 모두 기획하는 데 한 시간이 채 안 걸렸습니다. 왜냐면 피천득 선생님의 글을 오래전부터 백 번은 더 읽었기 때문이지요.

《인연》은 30만 부 넘게 팔리면서 베스트셀러가 됐습니다. 그때 나는 스스로 '출판계의 천재, 드디어 최고의 편집자가 탄생했다'는 오만감에 사로잡혔습니다. 그 이후로 기획한 몇 권의 책들도 좋은 결과를 얻은 게 오히려 독이 됐습니다. 그 해부터 거의 3년간 만드는 책마다 실패를 했고, 거기다 회사 경리가 큰 액수의 돈을 횡령하는 일이 벌어졌습니다. 때마침 도매 서점이 연쇄 부도를 내는 일이 설상가상 터졌지요.

운 좋은 '성공'은 '오만'이라는 불청객을 불러내 '겸손'이란 귀한 손님을 만나거나 '나락'으로 빠지게 됩니다. 나는 '겸손'이란 밧줄을 타고 다시 제자리, 나만의 속도로 돌아온 경우일 것입니다. 나만의 속도를 찾는다는 것은 세상에 눈을 감으라는 게 아닙니다. 한쪽 눈으로는 현실을 직시하고 눈 감은 다른 한쪽으로는 꿈을 놓치지 않고 찾는, 바로 한 눈 뜨고 꿈꾸는 사람이 되자는 말입니다.

# 빛나는 그림쟁이

문득, 가만히 있다가도 그리고 싶은 것이 떠오를 때가 있습니다. 그때부터 머릿속 수레바퀴는 발동이 걸립니다. 숨을 쉬고 잠을 자고 밥을 먹듯이, 어쩌면 그보다 더 많은 시간 동안 그림을 그립니다. 매일 같은 시간, 같은 곳에서, 같은 사람들과 만나는 일반적인 회사원과 나의 일상은 조금 다르지요. 작업이 늘 같은 시간에 '삑' 하고 버튼 하나 누르면 '슥' 하고 나오는 것이 아니기 때문입니다. 무언가 생각 속에서 레이저가 꽂히는 순간이 있어야 '피리릭' 하고 감정을 통과한 이미지들이 정신없이 줄을 섭니다. 그 줄은 꼬리에 꼬리를 물고 한동안 끝을 모르고 앞서거니 뒤서거니 합니다.

"그림으로 우리가 비로소 하나가 되고,
우리가 함께 영원하기를.
이것이 나의 오직, 작은 꿈입니다."

그렇게 생각의 파노라마가 연이어 줄을 서다 보면, 밤하늘에 별빛이 수를 놓듯, 나의 작은 작업실 벽면에서는 아이디어들이 서로를 마주 보며 좋다고 반짝거립니다. 그런 작업을 이리저리 어루만지고 한동안 정신없는 붓질을 이어 나갑니다. 시간이 어찌 가는지도 모르게 낮은 밤이 되고 밤은 다시 새벽이 됩니다. 의식과 무의식의 긴장된 교류가 짜릿합니다. 그림 그리는 행위에 온 마음과 정신을 쏟아 내다 보면 영혼과 육체가 분리되는 무아지경에 빠져 내가 무엇을 하고 있는지도 모르게 시간이 흐릅니다. 어느 때는 먹는 것도 잊은 채 쉬지 않고 20시간 넘게 그리는 날도 있습니다. 그렇다고 매일 그렇게만 그릴 수는 없겠지요.

쉴 새 없이 그리다가도 또 아무 생각이 나지 않을 때는 바로 붓을 내려놓은 다음 그 자리를 훌훌 털고 미련 없이 밖을 나섭니다. 뒤도 안 돌아보고 그날로 놀러 나갑니다. 바람이라도 쐬고, 햇빛이라도 실컷 맞아야지요. 안 나가던 밤마실도 나가 봅니다. 계획도 없이, 같이 갈 친구도 없이 차를 몰고 한 시간 남짓 바닷가 앞까지 달리는 날은 남부러울 호사에 그리도 상쾌합니다.

작업실 근처에도 한참을 가지 않습니다. 발길이 닿는 대로 이것저것 보고, 먹고, 즐기고, 사람들도 만납니다. 그렇게 시간을 보내다 보면 다시 머릿속에 또 다른 레이더가 꽂히는 날이 오는 거지요.

이런 시간은 반가운 도돌이표가 되어 반복됩니다. 이게 바로 내가 말하는 '물 흐르는 대로'의 과정입니다. 그렇게 틈틈이 끄적여 온 이미지들은 캔버스 위에서 각자 자리를 잡고 손을 흔듭니다. 그걸 보며 또 하나의 생명을 얻은 것처럼 가슴 깊이 벅차고 기쁩니다. 그림은 나의 소중한 아바타이기 때문이지요. 100년, 200년 넘게 누군가의 손에서 손으로 전해져서 그 자손의 자손이 행복한 눈빛으로 나의 터치들을 어루만져 주기를 바라며 행복한 상상에 잠깁니다.

언제부터 그림을 그렸냐고 누군가가 물어본다면 손에 무언가를 쥐고 난 후부터 줄곧 무언가를 그려 왔다고 말합니다. 낙서도 무의식의 걸작이니, 진정 그 말이 맞습니다. 우리는 살아가면서 무궁무진한 의미의 세계를 경험합니다. 그 경험을 이야기하는 것이 나에게는 그림입니다. 나의 삶을 채우는 작은 서랍, 나만의 그림

일기장이지요. 고된 하루, 행복했던 기억, 반복되는 일상, 소환된 첫사랑 등 모든 것이 그림이 됩니다. 머릿속 뭉실뭉실 떠오르는 내면의 순간들을 소중히 모아 내어 세상에 내어놓습니다.

그리는 행위는 내게 늘 자유를 줍니다. 어떠한 프레임도 세워져 있지 않습니다. 생각과 감정이 흐르는 대로 나를 내버려 둡니다. 어느 틀에도 나를 가두지 않지요. 나를 나로서, 있는 그대로 이해해 봅니다. 몰랐던 나 자신을 발견하면 그것을 이해해 보려 노력하는 시간을 갖고, 어설픈 나를 안정된 사랑으로 보듬어 봅니다. 부족할 수 있는 나를 당연하게 이해합니다. 그리고 안아 주며 따스한 위로를 건네주기도 합니다. 잘못된 행동에는 스스로 단호히 꾸짖을 수 있는 내가 되기도 하지요.

이런 나 자신을, 나는 사랑합니다. 내가 아낍니다. 이런 과정으로 '나'라는 아이를 한번 바라봅니다. 진심으로 바라봐야 합니다. 그래야만 내가 서 있는 길 위에서 진정한 나를 만날 수 있으니까요. 나를 위한 평온하고 올바른 길을 만들어 줄 수 있을 테니까요. 그 누구도 가

본 적 없는 나의 길, 끊임없는 모험의 항로에 있는 나에게 소리 없는 응원과 지지를 끝없이 보내고 있습니다.

나는 그림을 그리는 화가입니다. 자연스럽게 그림을 통해 내 이야기를 발산합니다. 손에 무심코 쥔 물감의 색은 그날그날의 내 기분을 말해 줍니다. 캔버스 표면에 떨구는 붓의 터치는 나의 심정을 대변합니다. 캔버스 속 형태들은 계획하지 않기에 자유롭고, 무궁무진한 이야기가 모여 서로에게 신이 났습니다. 봇짐을 풀어놓듯 개운합니다. 그림은 물 만난 물고기처럼 활기찬 춤을 춥니다.

그렇게 또 하나의 이야기가 완성되었습니다. 내가 만든 이 이야기는 누군가에게 말을 걸고, 따스함으로 물든 아름다운 소통으로 이어질 것입니다. 내가 오늘도 그림을 그리고 이를 통해 세상과 만나는 이유입니다. 그림으로 우리가 비로소 하나가 되고, 우리가 함께 영원하기를. 이것이 나의 오직, 작은 꿈입니다.

## 책을 읽는 기쁨

 한 달에 두 번, 책을 좋아하는 사람들이 만납니다. 변호사, 재무관리사, 회사 대표, 교사 등 다양한 일을 하는 사람들이 오직 '책'이 좋아서 한자리에 모입니다. 읽는 책도 한 분야에 머무르지 않습니다. 소설에서 시로, 자기 계발에서 철학과 역사로 다양한 분야를 넘나들지요. 나는 바쁘다는 핑계로 절반 정도밖에 참석하지 못하지만, 이분들의 높은 학구열에 늘 감탄하고 또 자극을 받습니다.

 같은 책을 읽고서도 어쩌면 이렇게 다른 해석과 감상을 품을 수 있는지, 서로의 생각을 나누며 감탄하지요. 물론 어떤 책은 너무 지루해서 씨름하다 도중에 책을 던지고 싶을 때도 있고, 어떤 책은 밑줄을 그으며 한 글자도 놓치지 않으려 애쓰기도 합니다. 가끔은 저자를 초청해 책에 다 담지 못한 이야기, 생각의 밑바닥에서 건져 올린 진솔한 경험을 듣기도 합니다.

새로운 책을 만나는 일은 어쩐지 연애할 때 기분과 비슷합니다. 첫 장을 펼칠 때부터 심장이 두근거리는 책을 만나면 '아, 이런 책을 왜 우리가 먼저 내지 못했을까' 하는 아쉬움이 들 때도 있습니다. 가끔은 '이런 책을 내니 독자들이 책을 안 읽지!' 탄식하게 만드는 종이 뭉치를 만날 때도 있지요.

"독서는 매일매일 새로운 친구를 만나는 것과 같다. 시시한 책 백 권을 읽는 것보다 좋은 책 한 권을 백 번 읽는 게 낫다. 친구도 마찬가지다." 돌아가신 아버지께서 남기신 말씀입니다. 30년 넘게 책을 만들어 온 나 역시 이 말에 전적으로 공감합니다.

책 속에는 인생의 뿌리가 될 만한 친구가 있습니다. 그 친구는 글쓴이일 수도 있고, 이야기 속 인물일 수도 있습니다. 사람을 만나면 우리는 그 사람의 말과 행동을 통해 조금씩 그 사람을 알게 되고, 이해하고, 때로는 사랑하게 되지요.

책도 마찬가지입니다. 책마다 작가의 그릇이 고스란히 드러납니다. 머리와 손끝으로만 쓴 글인지, 세상을 직접 걸어 체험한 후에 나온 글인지, 사막에 장엄하게 지는 노을과 그걸 바라보는 마음에서 나온 글인지 단 몇 페이지만 읽어도 알 수 있습니다. 좋은 책은 마지막 페이지를 넘길 때 처음으로 돌아가고 싶은 기분을 느끼게 해 줍니다. 깊은 감동에 그 책을 꼭 안아 주고 싶게 만듭니다.

책을 읽는 이유는 사람마다 다르겠지요. 하지만 한 가지는 분명합니다. 책 한 권을 읽기 전과 후, 우리의 생각은 조금 달라져 있을 수 있다는 사실입니다. 삶의 모든 경험을 스스로 겪을 수는 없습니다. 그래서 우리는 책을 통해 내가 가 보지 못한 길을 다녀온 이들의 시선과 체온을 빌리는 것이지요. 나만의 좁은 세계에서 벗어나 책이라는 삶의 지도로 더 넓은 세상을 여행할 수 있습니다. 그 여정 속에서 나의 꿈이 무엇인지, 그 꿈을 이루기 위해 어떤 계획을 세워야 할지 하나씩 적어 볼 수 있습니다.

책은 꿈의 바다입니다. 그 안을 어떻게 헤엄치며 경험할지, 또 얼마나 귀한 물고기를 낚아 올릴지는 그 바다를 마주하는 자신에게 달려 있습니다.

# 우리들의 정원

오늘도 어김없는 하루를 맞이합니다. 나의 MBTI는 전형적인 ENFP, 자유로운 영혼. 모든 것이 무계획인 나이지만 아침에 일어나면 하는 작은 루틴이 있지요. 눈을 뜨면 우선 잠시 창밖의 레고 같은 자동차들을 한참 바라보며 멍하니 앉아 생각 없는 생각에 잠깁니다. 시작을 위한 부팅을 하는 시간이지요. 이 시간이 내게는 하루를 여는 작은 공간이 되어 줍니다.

그리고는 집 근처 목욕탕으로 갑니다. 뜨끈한 열탕에 몸을 담그며 "아, 좋다!" 해요. 나를 위해 선물하는 달콤한 순간입니다. 자신을 위한 소소한 행복들, 이런 시간을 나는 하루의 중간중간에 넣어 주고 실행하는 호사를 누리지요. 누구에게도 방해받지 않으며 피해를 주지도 않는 범위에서, 소소하면서도 꽤 만족스러운 나만의 뿌듯한 행복감이 그저 좋습니다.

이렇게 나름의 목욕재계를 마치고 룰루랄라 콧노래를 흥얼거리며 차에 오릅니다. 왕복 2시간 거리를 음악을 틀고 드라이브를 떠나는데, 이 또한 행복한 순간의 두 번째 페이지가 되어 줍니다. 사랑하는 것들이 나를 반겨 주는 곳, 그곳으로 향하는 설렘은 콧노래 그 자체이지요. 음악에 취해, 창문 너머 들어오는 바람에 취해 달리는 1시간은 쏜살같이 날아갑니다. 그리고 눈앞에 펼쳐지는 가상 같은 현실의 무릉도원, 아원 고택이 나를 정답게 맞아 줍니다.

그림을 그리고, 이야기하고, 그렇게 하루를 살아가던 나날들. 시간의 흐름도 잊은 채 여러 작업을 하던 중에 새로운 전시가 주어졌습니다. 나의 그림을 사랑해 주고 전시를 제안해 준 실장님께 감사한 마음이었고, 더 좋은 그림으로 보답해야겠다는 다짐이 커졌습니다. 아원 고택, 오스 갤러리와의 인연은 이렇게 시작되었습니다. 우연이 운명이 되었다고나 할까요.

전시를 앞두고 설치하는 첫날 밤, 그곳에서 특별한 경험을 했습니다. 절대 잊지 못할 그날의 밤을 잠시 꺼내 봅니다. 나는 평소 혼자 잠을 잘 못 잡니다. 불을 환히 켜거나 적당한 소음, 예컨대 TV 소리 같은 작은 소리도 필요하지요. 낮에는 어른인 척 뭐든 다 괜찮다고 웃었던 나는 정작 밤이 되자 칠흑 같은 어둠에 어느 물체도 가늠되지 않는 깜깜함 앞에서 공포에 질린 어린아이로 돌아갔습니다.

눈이 안 보이는 답답함이 이런 것일까요. 이런 공포일까요. 용기 내어 잠시 고개를 들어 하늘을 보니, 다이아처럼 새하얗고 투명한 별들이 있었습니다. 처음 보는 깨끗한 별, 처음 보는 적막의 어두움. 홀로 들어선 방에 마음은 잔뜩 긴장되고 몸도 마구 경직되었습니다. 어느 순간, 설상가상 핸드폰 전원도 꺼졌지요.

완벽한 차단이었습니다. 세상과의 교신이 꺼지고 온전히 나와 자연만이 놓인 상태였지요. 영화 〈캐스트 어웨이(Cast Away)〉 속 무인도에 혼자 놓인 주인공만큼 두려웠습니다. 나는 여전히 어린아이 같은 나를 최면에 들게 하듯 세뇌하기 시작했습니다. 이곳은 절대적으로 안전한 곳, 나만의 장치, 나를 위한 캡슐이라고 말이지요. 눈을 감고는 하얗고 폭삭한 이불을 입 끝에 닿을 듯 덮었습니다.

  시간이 얼마나 흘렀는지 모르겠습니다. 갑자기 눈이 떠진 나는 벽 한 면을 가득 채운 통창 앞으로 가 조용히 섰습니다. 세상과 나를 단절시켰던 블라인드를 조심스레 끌어올렸습니다. 아직 밤일지도 모른다는 불안함과 아침이 왔을지도 모른다는 기대감으로 세상과 나의 단절된 교신을 다시 시도했습니다. 바로 이 순간입니다.

  파아란, 아주 새파란 배경이 눈앞에 펼쳐졌습니다. 모든 물체와 공간이 하나하나 처음 보는 파란색으로 멈춰 있었습니다. 파란 산 앞에 파란 물이 유유히 움직이고 그 앞에 파란 나무가 파란 홍시를 살랑 흔들고는 이내 파란 참새 떼들이 그 파란 홍시를 사삭 쪼아 먹고는 파란 바람과 함께 사라졌습니다.

  모든 것이 생경했습니다. 이 파란 순간은 말 그대로 순간이 되었고 하나하나 각자의 색들을 찾아가기 시작했습니다. 동시에, 세상에 대한 반가움과 생동감이 내 몸 안에 가득 들어찼습니다. 그 순간, 나는 알 수 있었지요. 내가 새로운 세상에 눈을 뜨고 또 다른 차원의 세계를 열었다고 말입니다.

정신의 목욕재계였을까요. 뇌가 씻기고 또렷해졌던 그 순간을 잊지 못합니다. 다시 나를 바라보기 시작했습니다. 지금까지 나의 작업에서 시작하여 주변의 것들, 작은 자연의 존재들과 우리가 되는 시간을 가져왔다면 다시 나를 바라보는 시간, 또 다른 자아를 마주하는 시간을 갖게 된 거지요. 얼마나 반갑던지요. 내가 이리 나를 기다린 줄은 몰랐습니다.

7개월 남짓 꽤 긴 전시 기간 동안 아원 고택은 매번 다른 모습으로 다가왔고 감동을 주었습니다. 코끝을 스치는 천연 공기의 색깔, 딱 알맞게 채워진 산속 나무들, 그리고 이름 모를 산짐승들과 마음속으로 인사를 나누며 하루를 시작했습니다. 풀꽃의 향기는 매 순간 다른 초록색이었습니다. 어떤 날은 부드러운 레몬 연두색이었고, 어떤 날은 경쾌한 샙 그린이었지요. 비 오는 날에는 딥 그린, 기분이 묘했던 날은 피콕 블루였습니다. 한참을 멍하니 산을 바라보고 있으면 산신령이 내게 평온히 손짓하며 미소 짓는 것 같았습니다.

그리고 그곳에는 늘 우직하게 나를 지켜보시는 관장님이 늘 함께셨지요. 일상 속에서 자연스러운 새로움을 늘 깨워 주셨습니다. 다른 이들에게는 관장님의 카리스마가 강하게 보였지만, 내게는 이상하리만치 따뜻하게 느껴졌고 그렇게 감정은 흐르듯이 하나가 되어 편안했습니다. 가장 중요하게 생각하는 마음, 우리만의 온기가 담겨 있었거든요. 말하지 않아도 느껴지는 다정함이랄까요. 전시를 통해 만난 관장님과 실장님은 내가 새로운 길을 열게 하고 그 길 위를 걸어갈 수 있도록 동행해 준 고마운 분들입니다. 그들 덕분에 행복한 완주를 마칠 수 있었지요.

경이로운 자연과 존경하는 사람들과 나의 그림과 함께하는 내내 나는 신이 났습니다. 내가 늘 꿈꾸는 '그림을 통해 우리 안에서 비로소 하나가 되는 일'이 완벽하게 이루어졌기 때문입니다. 새로운 상황에 놓이면 생기는 조금의 불안함은 금방 사라지고 매일매일 새로 깨어나고 있음을 스스로 느낄 수 있었지요. 온전한 자유로움을 느끼는 나 자신을 만날 수 있었습니다.

그리고 마침내 깨달았습니다. 나는 탈피하는 중이라

고요. 허물을 벗어 버리고 새로운 나를 만나고 있는 중이라고요. 그렇게 나의 자아는 새로 태어났습니다. 이제 나는 새로운 꿈을 꾸고 있습니다. 'back to myself.' 다시 오롯한 나 자신을 만나는 발걸음을 시작하려고 합니다. 그림을 통해서겠지요. 그리고 그림으로 연결되는 마음과 사람과 세상을 통해서 꿈은 완성되겠지요. 걱정은 하지 않으려 합니다. 또다시 새로운 꿈에 설레는 이 기분을 마음껏 즐기려 합니다. 고마운 순간들을 마음에 품고, 오늘도 나는 꿈을 꿉니다.

# 풀꽃 시인

언제부턴지 모르게 사람들은 나를 '풀꽃 시인'이라 부릅니다. 이름 위에 붙는 이름이고 이름 대신으로 부르는 이름입니다. 일종의 애칭입니다. 이것은 〈풀꽃〉 시 한 편 때문에 붙여진 이름입니다. 내 이름처럼 내가 지어서 사람들에게 부르게 한 이름이 아니고 사람들이 지어서 불러 주는 이름입니다. 그것도 저절로 그렇게 된 것입니다. 나로서는 더 이상 바랄 수 없을 만치 감사한 일이지요.

그러면 언제부터 사람들이 이렇게 나를 '풀꽃 시인'이라 불렀을까요? 작품 〈풀꽃〉이 쓰인 것은 2002년의 일입니다. 그 당시 나는 공주시 상서초등학교에서 교

자세히 보아야
예쁘다

오래 보아야
사랑스럽다

너도 그렇다

나태주 〈풀꽃〉

장으로 일하고 있었는데 아이들과 함께 풀꽃 그림을 그리는 수업을 하기도 했었습니다. 아이들에게 풀꽃 그림을 그리라고 했는데 너무나도 풀꽃과 닮지 않게 그리기에 아이들에게 잔소리 비슷한 말을 한 것을 그대로 종이에 옮긴 글이 바로 〈풀꽃〉 시입니다. 아이들에게 말한 것을 고치지도 않고 그대로 종이에 옮긴 작품이고 24글자밖에 안 되는 단출한 작품이지요.

그러나 그 시가 일반 대중에게 알려진 것은 또 내 노력이나 의도로만 가능했던 건 아닙니다. 일단 그 시는 2005년에 출간된 나의 시집 《쪼끔은 보랏빛으로 물들 때》에 실려서 세상에 나갔습니다. 그러나 그 시가 정말로 일반 대중에게 알려진 것은 시집이 아니라 대중 매체나 특별한 방법에 의한 것이었습니다. 서울의 교보생명 본관 외벽에 마련된 '광화문 글판'에 2012년도 봄 편(1월~3월)으로 올라감으로부터이고, 2012년 하반기에 KBS2에서 16부작으로 방영한 〈학교 2013〉이란 드라마 덕분입니다. 극중에서 이종석이란 미남 배우가 나의 시 〈풀꽃〉을 낭송해서 젊은이들에게 널리 알린 것입니다. 그러니까 시가 쓰이고 10년 뒤에야 비로소 대중들에게 알려졌다는 이야기가 되겠습니다.

〈풀꽃〉 시가 알려지고 내가 '풀꽃 시인'으로 불리면서 나의 시인으로서의 세상이 완전히 바뀌어 버렸습니다. 공주시에 풀꽃문학관이 생기고, 풀꽃문학상이 제정되고, 또 풀꽃 문학 축제를 해마다 개최할 뿐더러 나에게 오는 강연 청탁이나 도서 발간 의뢰가 해마다 증가하고 있습니다. 이건 한 시인 개인으로서는 엄청난 축복이고 영광이고 더할 수 없는 감사입니다. 누가 뭐래도 나는 세상 사람들로부터 '풀꽃 시인'으로 불리는 것을 자랑스럽게 여깁니다.

하지만 나는 참으로 오랫동안 알아주지 않는 시골 시인으로 살았습니다. 그저 시골 시인이었고 무명의 시인이었습니다. 학생들이 배우는 국어 교과서에 실린 작품도 없었고 서울 쪽의 이름 있는 출판사에서 책을 내는 일도 없었고 문학상을 받는 기회도 드물었습니다. 신춘문예에 시가 당선되어 시인으로 데뷔한 것이 1971년이니까 40년 가까이 그렇게 지냈던 것입니다. 그러고 보면 이것은 오래 참고 견디면서 기다리며 산 자에게 오는 축복 같은 것인지도 모릅니다. 그동안 낸 창작 시집만 해도 52권입니다. 더 이상을 바랄 것이 없을 만큼 충분히 책을 내었고 시를 세상에 알렸습니다.

나는 나의 시를 두고 유명한 시가 되는 것보다는 유용한 시가 되기를 주문합니다. 나아가 사람을 살리고 돌보아 주는 약이 되는 시가 되기를 주문합니다. 그래서 나의 시가 충분히 짧아지고 단순해지고 쉬워지고 가벼워져야 한다고 생각합니다. 한편으로 영향력 있는 시가 되기를 소망합니다. 될수록 멀리, 멀리까지 가서 싹을 틔우고 뿌리내려 꽃피우기를 바랍니다. '시는 세상에 보내는 러브레터이고 시인은 세상 사람들의 감정을 돌보아 주는 서비스 맨이다.' 그것이 그동안 나의 지론이었는데 끝내 그것이 나의 진심이 되기를 바랍니다.

청소년 시절, 공주에서 학교 다닐 때의 일입니다. '소년이여, 대망을 가져라.' 모두 그렇게 말하고 생각하고 있었지만 나는 반대로 생각했습니다. '소년이여, 헛된 대망보다는 실천 가능한 조그만 소망을 가져라.' 그렇게 가진 나의 청소년 시기의 소망은 세 가지였습니다. 첫째는 시인이 되는 것이었고 둘째는 예쁜 여자와 결혼하여 사는 것이었고 셋째는 공주 사람이 되어 공주에서 사는 것이었습니다. 오늘에 와 나는 그 세 가지 소망을 모두 이룬 사람이라고 말을 합니다. 참으로 다행스러운 일이지요.

하지만 아직도 부족한 소망이 있습니다. 그것은 시인이 되는 소망입니다. 어쩌면 시인이 되는 소망은 죽을 때까지 현재 진행형의 소망인지 모릅니다. 나는 그동안 '앞으로 10년'을 가슴에 안고 살았습니다. 앞으로 10년만 바라보면서 10년을 살아 보자. 분명히 달라지는 것이 있을 것이다. 하지만 이제 나는 그 10년을 가슴에 안기가 어렵게 되었습니다. 내 나이 벌써 80입니다. 많이 줄이고 줄여 '앞으로 5년'을 가슴에 안고 살아야 할까 봅니다. 그렇습니다. 앞으로 5년 동안 나는 지금까지 하던 대로 열심히 나의 일을 해 나갈 것이며 아직 이루지 못한 소망을 이루려고 애를 쓰며 살 것입니다.

이제 마지막 나의 소망을 밝힐 차례입니다. 언젠가는 내가 세상을 떠나는 날이 있을 것입니다. 그러면 나의 가족이나 친지나 나를 잘 아는 이웃들이 와서 나와의 영원한 이별을 슬퍼할 것이겠지요. 그러나 내가 바라는 바는 따로 있습니다. 어딘가 멀리에 사는 이름도 모르는 나이 어린 독자가 한 사람이라도 있어 '아, 내가 좋아하는 시인이 세상을 떠났구나. 그 시인이 새로 쓰는 시를 우리가 읽지 못해 얼마나 섭섭하냐!' 그렇게 말해 주고 슬퍼해 주기를 바라는 소망이 바로 그것입니다.

# 달리면서 알게 되는 것들

대학을 졸업하고, 첫 직장에 들어가고, 결혼을 하고, 아이들을 낳고, 새로운 직장을 찾고……. 흔히 '인생은 끝이 없는 길'이라고 말하는데, 그건 사실이었습니다. 달리고 또 달려도 길은 끝나지 않았고, 눈앞에 놓인 길을 따라 다시 또 달려야 했습니다. 문득 중학교 1학년 무렵 아버지가 귀에 못이 박히도록 하시던 말씀이 떠올랐습니다.

"인생은 마라톤이다."

눈앞의 이익에 흔들리지 말고, 먼 시간을 바라보며 한 걸음 한 걸음 인생의 보폭을 찾아가라는 뜻이었겠지요. 하지만 그 말씀의 깊은 뜻을 이해하게 된 것은 30

년이라는 시간이 훌쩍 흐른 뒤의 일이었습니다.

마흔셋, 인생에서 달릴 만큼 달렸다고 생각하던 시기입니다. 혹은 내가 이루어 놓았던 일들에 자부심을 갖던 시기이기도 합니다. 문득 인생은 마라톤이라던 아버지 말씀이 다시 들려왔습니다.

'인생이 정말 마라톤이라면, 한 번쯤은 직접 달려 봐야 알 수 있지 않을까?' 막연한 호기심이 나를 이끌었고, 덜컥 서울 마라톤 대회에 출전 신청을 해 버렸습니다. 하지만 출발선에 서기 전까지도 스스로를 믿지 못하고 의심했습니다. 물론 일주일에 서너 번씩 강변을 따라 5킬로미터 혹은 10킬로미터를 뛰면서 연습했지만, 짧은 거리를 달리는 것과 풀코스를 뛰는 것은 엄연히 다르다는 것을 잘 알고 있었으니까요. 한 선배는 이렇게 말하기도 했습니다. "35킬로미터 넘기고부터는 숨이 턱턱 막히면서 마치 모래사장 위를 달리는 것 같아."

고민과 연습을 거듭하던 중 불쑥 그날이 밝았습니다. 마라톤의 인기가 높다는 것은 알고 있었지만, 막상 현장에 가 보니 열기가 이 정도인 줄은 몰랐습니다. 전국에서 모여든 수백 명의 사람들이 마치 오늘만을 위해 살아온 것처럼 열정 가득한 표정으로 저마다의 출발선에 서 있었습니다.

나 역시 첫걸음을 준비하면서 결심했습니다. '무리하지 말자. 내 페이스를 지키자. 남을 따라가지 말고 나만의 호흡과 리듬을 찾자. 기록은 중요하지 않다. 완주하는 것이 이번 레이스의 목표다.'

하지만 막상 달리다 보니 수많은 유혹이 스쳐 지나갔습니다. '저 사람보다는 뒤지지 말아야지', '무조건 3시간 안에는 들어와서 자랑해야지' 등등. 다른 사람과 비교를 하는 것도 모자라 자만의 파도가 출렁거렸습니다. 그러다 마의 구간이라는 35킬로미터를 넘고 나서부터는 유혹이 시작되었습니다. 종아리를 거쳐 허벅지까지 쥐가 나기 시작했고, 어깨는 탈골이 된 듯 아파 오면서 팔을 좌우로 흔들 수도 없었지요.

'아, 목도 마르고 온몸이 다 아픈데, 이쯤에서 그만둘까? 내가 왜 이 힘든 고생을 사서 하나?' 지금 당장이라도 포기하고 싶다는 욕망이 극에 달했습니다. 하지만 내 안의 또 다른 목소리가 외쳤습니다. "끝까지 달려! 여기서 쓰러지면 너는 패배자로 남을 뿐이야!"

패배자라는 말이 나를 다시 일으켜 세웠습니다. 결국 비에 젖은 솜 인형처럼 달리다가 다리를 질질 끌며 골인 지점에 도착했습니다. 그 순간 나도 모르게 울컥, 뜨거운 눈물이 쏟아지더군요.

하지만 여기서 고백합니다. 나는 나의 나약함을 이겨 낸 승리의 이야기를 들려 드리려고 하는 것이 아닙니다. 마라톤을 뛰고 나서 깨달은 것은 마라톤이 '자신과의 싸움에서 이기는 것'이 아니라 '자신을 더욱 사랑하는 일'이라는 것입니다.

아버지가 하신 말씀을 다시금 되새겨 봅니다. '인생은 마라톤'이라는 말은 결국 지금 달리는 이 순간이 아니라 마지막 종착지에 다다랐을 때 깨달아야 할 인생의 답을 찾아야 한다는 의미이기도 하지만, 달리고 있는 지금 이 순간에 마주한 주변 풍경을 잘 살펴야 한다는 뜻이기도 합니다.

즉, 지금 이 순간이 나의 인생의 모든 것은 아니지만 허투루 보내지 않아야 한다는 것입니다. 나는 지금 65년 동안 달리고 있습니다. 나 역시 때때로 아버지의 말씀을 잊고 당장 눈앞에 처한 상황이 내 인생을 결정하거나 좌지우지하는 것처럼 느껴질 때도 있었지요. 그래서 지금껏 놓친 귀중한 것들이 참으로 많습니다.

친구와의 만남을 그날 피곤하다는 이유로 미루고 난 후 들려온 그 친구의 죽음 소식, 큰아들의 힘들고 괴로운 이야기들을 바쁘다는 핑계로 외면해서 돌아온 소통의 단절. 처음에는 다 별거 아닌 사소한 일들이라 쉽게 지나쳐 버렸던 것이 다시는 돌아올 수 없는 다리를 건넌 일은 수도 없이 많습니다. 후회와 회한 외에는 달리 표현이 안 됩니다.

반대로 세상의 종착점에 서서 '이 세상에 와서 가장 귀중하게 남는 게 무엇일까?'라는 질문을 받는다면 나는 '아름다운 추억'이라고 주저하지 않고 말할 것 같습니다. 소녀 같았던 아내와의 첫 만남, 첫아이가 엄마 배 속에서 나오던 수술실에서의 장면과 감동의 눈물범벅이 됐던 나의 얼굴. 마치 어제 있었던 일처럼 지금도 설레는 아름다운 추억입니다.

그럼에도 나는 여전히 풀리지 않는 의문이 있습니다.

"나는 지금, 내 인생의 마라톤에서 어느 지점을 통과하고 있는가?"

## 아이 해브 어 드림

1판 1쇄 인쇄 2025년 9월 12일
1판 1쇄 발행 2025년 9월 19일

**지은이** 나태주 김성구 홍빛나
**펴낸이** 김성구

**책임편집** 김초록
**디자인** 박경옥
**콘텐츠본부** 고혁 양지하 이은주 류다경 이영민
**마케팅부** 송영우 김지희 강소희
**제작** 어찬
**관리** 안웅기 이종관 홍성준

**펴낸곳** ㈜샘터사
**등록** 2001년 10월 15일 제1-2923호
**주소** 서울시 종로구 창경궁로35길 26 2층 (03076)
**전화** 1877-8941 **팩스** 02-3672-1873
**이메일** book@isamtoh.com **홈페이지** www.isamtoh.com

ⓒ글 나태주 김성구 홍빛나, 그림 홍빛나, 2025, Printed in Korea.

이 책은 저작권법에 따라 보호를 받는 저작물이므로 무단전재와 복제를 금지하며,
이 책의 내용 전부 혹은 일부를 이용하려면 반드시 저작권자와 ㈜샘터사의
서면 동의를 받아야 합니다.

ISBN 978-89-464-7511-3  43810

· 값은 뒤표지에 있습니다.
· 잘못 만들어진 책은 구입처에서 교환해 드립니다.

**샘터 1% 나눔실천**
샘터는 모든 책 인세의 1%를 '샘물통장' 기금으로 조성하여 매년 소외된 이웃에게
기부하고 있습니다. 2024년까지 약 1억 1,650만 원을 기부하였으며, 앞으로도 샘터는
책을 통해 1% 나눔실천을 계속할 것입니다.